U0745947

社会主义核心价值体系建设

"双百"出版工程

项 目

/100位

新中国成立以来感动中国人物/

王　瑛

郑光魁/著

★

吉林文史出版社

《100位新中国成立以来感动中国人物》丛书

★★★★★

编 委 会

前 言

　　每个人的心中都多少有一点英雄情结，都向往英雄、景仰英雄。也正因此，在中华人民共和国建国六十周年之际，由中央十一部委联合组织开展的"100位为新中国成立作出突出贡献的英雄模范人物和100位新中国成立以来感动中国人物"的评选活动中，群众参与投票总数近一亿。这其中的每一张选票，都表达了人们对英雄模范的崇敬之情，寄托着对伟大祖国的美好祝福。

　　一个民族不能没有英雄，否则这个民族就不会强大。当国家危难之时，懦弱者选择了逃避、妥协甚至投降，英雄们却挺身而出，用热血捍卫民族的尊严，人民的幸福。在创立和建设新中国的伟大历程中，涌现出无数可歌可泣的英雄模范人物。他们之中，有为了民族独立和人民解放而英勇牺牲的革命先烈，有为了党和人民的事业而不懈奋斗的优秀共产党员，有在全民族抗战中顽强奋战、为国捐躯的爱国将士，有英勇杀敌的战斗英雄和革命群众，有积极从事进步活动的著名民主爱国人士和国际友人……他们是民族的脊梁、祖国的骄傲，是激励全体人民团结奋斗的精神力量。

　　《100位新中国成立以来感动中国人物》丛书，就像一部星光璀璨的英雄谱，真实、完整地记录了英雄模范人物不平凡的一生，再现了他们非凡的人格魅力和精神世界。舍身堵枪眼的黄继光，拼命也要拿下大油田的王进喜，中国原子弹之父邓稼先，新时期领导干部的楷模孔繁森……一串串闪光的名字，一个个动人的故事，犹如群星闪烁，光耀中华。

　　当今中国正处于伟大变革的时代，迫切需要涌现出一大批勇于承担历史使命、为祖国和人民奉献一切的先进人物。在"双百"人物崇高精神的引领下，在建设社会主义现代化国家的征程中，必将英雄辈出。

生平简介

王瑛（1961-2008），女，回族，四川省小金县人，中共党员。生前系四川省南江县委常委、纪委书记。

王瑛对待工作一贯认真负责，兢兢业业。走上纪委领导岗位后，她始终牢记党的宗旨，创造性地开展工作，先后提出并实施了"为民服务零距离"、"村级党风廉政建设监督员制度"等措施，有力改善了干群关系，促进了当地经济发展。对腐败分子，她疾恶如仇，在查办案件中，面对威胁和阻力，刚正不阿，毫不退却。她直接牵头查办各类疑难、典型案件50多起，为国家挽回直接经济损失1000多万元。她清正廉洁、不徇私情，先后多次拒收礼金，拒绝弟弟等亲属要她特殊关照的要求。她时刻把群众冷暖放在心上，先后资助了12名贫困学生，帮助露宿街头的"背二哥"建起了民工公寓，支持涉水过河不方便不安全的山区群众建起了被称为"连心桥"的桥梁。2006年7月，她晕倒在抗旱第一线，经诊断患上肺癌，但她没有放弃工作，反而加倍努力。"5·12"四川汶川大地震后，她严格执纪，保证了全国各地支援的款物全部用在救灾上。2008年11月，她因过度劳累，病情恶化，不幸去世，终年47岁。她被授予全国纪检监察系统先进工作者标兵荣誉称号，2009年被追授为全国优秀共产党员。

1961-2008

[WANGYING]

◀ 王瑛

目 录 MULU

用生命践行对党的承诺（代序）

人们总是说，时间会消磨一切，时光会冲淡一切。但总有那么一些人、一些事永远在脑海中挥之不去。

吉林文史出版社副总编辑王尔立同志的一个电话又勾起我对南江县纪委书记王瑛的怀念。

2009年1月10日，在时任中宣部新闻局副局长刘汉俊的带领下，由30余家中央新闻单位记者组成的"中央新闻单位王瑛同志先进事迹采访团"开赴四川省巴中市南江县。地处大巴山深处的南江县，深沟高壑，溪沟纵横。从北京到绵阳，再到南江，长达12个小时的颠簸为我留下了深刻印象，更让人体会到了一个为党的纪检监察事业、为老区人民鞠躬尽瘁的女共产党员的不易。

王瑛，一位做事雷厉风行的文弱女子，在这里抱病工作多年，用自己短短47岁的生命谱写了一曲新时代共产党人的生命壮歌。

走在王瑛曾多次走过的山间小道上，来到王瑛经常拜访的贫困农家，站在王瑛曾工作多年的办公室窗口，一切都显得那么平凡、朴素。

在名片夹中，找出王瑛生前的名片，电话依然能接通，手机中的留言依然是："您好！我现在暂时无法接听您的电话，现在是我的自动应答，我会尽快与您联系，再见！"

在书架上拿下王瑛的相册，看着她那动人的微笑，让人仿佛觉得王瑛从没离开过我们……

看着那张戴着红围巾的相片，心头涌动着一种莫名的忧伤，切肤的惋惜，只为丢失在岁月中的那个身影。

王瑛的往事如孩童信步走来，似一群游动的音符，顺着这节奏，我一边流着真诚的泪，一边感动在生命的顽强里。终于明白从清晨开始，没有哪一次迈步不是走向黄昏；终于知道人生短暂，生的价值常驻心间。

就这样走了，带着流星的意念。似一片红叶，在秋风中落下。从叶子的背面我看见阳光生生不息的光芒，看到了一个平凡人的坚持，一个母亲无言的泪水，一个共产党员的人格魅力、党性魅力，真正"本色"。脑海中，一颗漂流的种子，摇曳于莽莽苍苍的湖面，像一枝铅笔，划动在洁白的稿纸上，水面上荡起的涟漪，是用生命写下的最清晰、最淡泊、最温暖、最沉重的文字。

红围巾依旧那样艳丽，系着王瑛短暂而灿烂的人生。

连心桥、感恩餐厅……都屹立在南江这片红色的土地上，向世人展示着王瑛亲民、爱民的一生。

短短几天的采访让我从一个基层党员干部身上看到了党魂：出身再普通，每个人都应该有自己的姿态；工作岗位再平凡，只要倾注了生命的爱，便可以崇高并抵达永恒。

执 着

➜ 山沟里飞出的金凤凰

★★★★★

地处横断山脉的四川阿坝小金县，土地贫瘠，是少数民族聚居地。1961 年冬天，王瑛就出生在这里。

家乡的落后、贫困，百姓生活的艰辛，这些都成为了王瑛挥之不去的记忆。

生不逢时，史无前例。

的确。

自然灾害使原本贫穷的小金县雪上加霜。

理想为现实插上了腾飞的翅膀。

走出大山，成了王瑛年幼的梦想。

1978 年，高考制度恢复，王瑛如愿以偿，以优异的成绩考入西南民族学院，梦想借着知识的翅膀飞出大山。

从此，王瑛便成了家乡父老乡亲的骄傲，家族

△ 年轻的王瑛

和父母的自豪。

"娃，人要懂得知恩图报，咱这辈子不能忘记共产党，没有共产党就没有你的今天。"这是王父送她去成都上学时对她说的话，王瑛一直铭记在心。

从穷山沟来到大都市，沐浴着城市的阳光；从山里娃到大学生，翱翔于知识的殿堂。

当幸运之神降福于王瑛时，王瑛一直暗暗告诫自己，要珍惜这来之不易的一切，努力学习，将来成为对社会有用的可造之材。

大三那年，王瑛入了党，成为大学生中发展的第一批党员。

1982年，王瑛大学毕业后被分配到巴中畜牧局工作，当时的她踌躇满志，她下定决心为改变老区的落后面貌尽绵薄之力。

风餐露宿，走村串户，她以饱满的工作热情回报红土地的养育之恩。

1994年，巴中市纪委考核选拔一批年轻干部，经过层层推荐，王瑛成了被考核对象。

那天，巴中市委组织部长谷继礼前来考核，刚进办公室坐定，见一位年轻的女同志前来倒水，于是就对她说："不用客气了，找王瑛同志来。"

"我就是王瑛。"

就在谷部长尴尬之际，王瑛解嘲说："对不起，我没有向领导汇报，领导还不认识我。"

文静，得体，谦和。这是王瑛给谷部长留下的第一印象。

大学本科毕业，少数民族干部，干群关系密切。

这次考核，王瑛以"内有气质，外有形象"的考核结论被选进市委机关，她被安排在纪委信访室工作。

➔ 感恩情怀塑造的人生

★★★★★

环境塑造人。

王瑛从穷山沟来到大学校园，眼界大开。

在大学学习期间，王瑛是出了名的"书痴"。她拼命汲取知识的养分，给自己补充能量。

"我是在党的哺育下成长、成才的，我对党有着发自内心的深厚感情。"这是王瑛被表彰为"全国纪检监察系统先进工作者标兵"时发出的由衷感叹。

工作中，王瑛始终把忠诚党的事业当作人生的最大追求。

在巴中，同事们评价："王瑛是一个务实、较真的人。"

领导评价她："王瑛是个工作狂。"

刚参加工作不久的她，在一次下乡中，遇上一头难产母牛，这家主人急得团团转："不说小牛，连

△ 南江县原纪委领导班子合影

母牛也保不住，一头牛一层楼啊，天哪！这怎么得了
呀……"

"我是学畜牧的，我来！"王瑛主动请缨。

这是王瑛初次为一头难产母牛做助产手术。

一个大姑娘的羞涩和胆怯早抛在脑后，她大胆而细
心地操作，终于使母牛顺利产下小牛犊，赢得了同事和
村民们的一片喝彩。

1997 年 12 月，组织安排王瑛到南江县工作。

她深知，家里有年迈多病的父母，孩子读书也需要
照顾。

到南江工作，对王瑛家里人来说，是一种不利，而

且自己的生活也很不方便。

为了坚守一个党员执着的理想信念，她毅然服从组织安排。

临走的前夜，她对家里人说："我是党员，组织安排到哪儿工作，我必须服从，你们要多多支持我！"

她这一干就是整整十一个年头。

在南江，王瑛当过县直工委书记、干过组织部长、总工会主席、县委副书记和县纪委书记。无论岗位和职务怎么变化，她勤政廉政的追求始终没有变，乐于奉献的品格始终没有变。

她常说："每一个共产党员在党旗面前举起拳头宣

△ 王瑛在上两乡洋滩村调研

誓之时，就应该把党的原则深植于灵魂之中，一以贯之，不以事小而不为。只有这样，才能千锤百炼，成就党和人民的大业。"

在南江，同事们曾这样描述过王瑛："两手小，但做的事多""个子不大，但跑的路多""工作起来像个'拼命三郎'"。

刚到南江县工作时，正是县城上下河街改造的关键时期。面对各种矛盾，王瑛不推诿，主动深入百姓家和拆迁现场协调处理。

在百姓中，有被她感动得热泪盈眶的"钉子户"；在拆迁现场，有她严厉批评施工队的铁色面孔；在办公楼，有她睿智思索和果敢决策的凝思；在银行里，有她商求解决资金的笑脸。

在王瑛大胆和出色的工作下，南江县城改造工程得以顺利推进。

2001年，王瑛刚主持全县组织工作不久，全县开始撤区并乡。为了把组织交给的这一重任完成好，王瑛日夜不停地工作，常常累得直不起腰。

作为异地任职的干部，王瑛自担任县纪委书记以来，就没有休过一次完整的长假，即便周末回家，也总在周日就早早赶回单位；为了招商引资，身体不适、不停咳嗽的她却坚持在五天内跑了六个省……

→ 柔情似水的"女包公"

★★★★★

女人柔情似水。

翻开王瑛的手记，可以看见她的内心世界，泛黄的纸张上清晰地记录了这样一行字："原则问题上决不含糊，对侵害人民群众利益、损害党在人民群众中形象的人和事，坚决一查到底，决不姑息。"

对群众和同事，她柔情似水，爱心无限；对犯错误的同志，她亦柔情似水，以心挽心。

王瑛是个"眼窝浅"爱掉泪的人。

她曾经因从组织部调纪委与同事们话别而泪流满面；她一见到遭遇厄运、生活困难的人就止不住落泪。

每逢常委接待日，面对众多的来访者，她往往是边听边记，边记边哭，或热泪盈眶，或泪眼模糊，或泪流如注。

谁要以为王瑛爱哭是软弱,那就错了。

面对违纪分子、犯罪团伙,她是威风凛凛的"纪委书记",是让坏人闻风丧胆的"女包公"。

在任职纪委书记的短短几年里,王瑛直接牵头办理疑难案件、典型案件、大要案件达172件,为国家挽回经济损失近6000多万元。

"只要有群众举报就必须查。"

"群众到我们这儿来投诉,说明他们有冤屈,我们就必须查,还他们一个公理。"

这是王瑛常挂在嘴边的言语。

2003年5月,"市公安局某领导的侄子——南江县公安局城东派出所干警何某,在办案中玩忽职守致人死亡却逍遥法外"的信访件,从市纪委转到了王瑛手中。

"省、市公安机关和县检察院已对此案调查并做了了结,况且还牵涉到市领导,阻力大,我建议应付一下就算了。"在案情分析会上,有同志提出。

"有后台有背景的更要查!"王瑛拍案而起。

随着案件查办工作不断深入,公安、检察、法院、司法等政法部门的20余人被牵涉其中,且发现时任县公安局局长薛某等人有制造伪证、隐瞒真相的嫌疑。

办案期间,各种阻力接踵而至,指责声、怨恨声、谩骂声如乌云般沉沉压来。

"敢查这个案子,你几爷子是不想活了。"办案人员每天数次接到

▷ 王瑛在农村检查工作

这样的电话。

　　"自古邪不压正，只要我们还真理于老百姓，我们一定会得到人民的支持。"

　　关键时刻，王瑛沉着镇静，鼓舞一线办案人员。

　　由于涉案人员都是侦察经验丰富的政法干警，反调查、反侦察能力非常强，取证工作一度陷入僵局。为打开局面，王瑛连续五天五夜战斗在办案第一线，吃住在办案地点，亲自对何某、付某等主要涉案人员进行谈话，相继突破三名关键人物，案件查办取得实质性进展。

王瑛既当指挥员，又当战斗员，仅用两个月时间，就查结了这起在全省有重大影响的"3·24"案件，县公安局局长薛某、副局长柳某和县检察院渎职侵权检查科副科长何某均受到留党察看、行政撤职处分，何某等其余10名违纪违法人员受到应有的法律制裁和党政纪处分。

"有损国家和人民利益的坚决查！"

2004年6月，王瑛带领两名干部到付家乡下访。

在十多天时间里，她与下访组的同志先后走访群众60余人，收集群众意见40多条。针对群众反映的粮食直补和农网改造等问题，深入调查，查实该乡挪用农网改造户表集资款12万元、抵扣粮食直补资金2.3万元、计划生育白条收费3万元。王瑛现场督促乡政府向农民兑现了抵扣的粮食直补资金，归垫被挪用的农网改造户表集资款，重新启动了农网改造工程。一位70多岁的老大爷领到54元直补资金后，拉着王瑛的手激动地说：" 感谢共产党！感谢王书记！"县纪委、监察局对相关责任人进行了严肃处理，县委调整了该乡领导班子。事后，该乡群众代表将一面"严格执纪，真情为民"的大红锦旗送到了王瑛手中。

2007年2月，纪委查办企业改制中收受贿赂一案。案件涉及到县经商委原党组书记、主任谢某。谢某是南江政界、商界的红人。一时间，来自县内县外方方面面的说客踏破了门槛。"只要有损国家和人民利益的我们就坚决查！"王瑛铁心不改。经过深入调查，谢某不但在企业改制中收受巨额贿赂，而且在担任经商委主要领导期间，隐匿收入予以贪污，并伙同他人私分公款7万元。谢某受到了开除党籍的处分，并被移送到司法机关受到了应有的法律制裁。

△ 王瑛在农村调研

　　地震灾害恢复重建期间，有群众反映乡村干部在抗震救灾资金物资管理使用方面存在优亲厚友、使用不公的问题。这时候，王瑛的病情已经开始恶化，但她却不顾自己虚弱的身体，亲自召开会议，对抗震救灾款物使用管理监督做了周密安排。她亲自组织讨论制定了《关于严明抗震救灾资金物资管理使用监督的纪律规定》，多次组织召开专题会议研究抗震救灾资金物资管理使用情况。并在重灾乡镇集中设立了现场投诉点，认真调查核实群众反映的问题。

　　2008年7月，八庙乡的群众向她举报该乡抗震救灾资金物资管理使用上有违纪违规问题，正在医院治病的王瑛立即安排专人对群众反映的问题进行深入调查，并要求必须查个水落石出。经过查证，群众反映属实，该乡党委书记、乡长、分管副乡长分别被免去职务，并调离该乡，4名责任人受到了党政纪处分。据统计，在抗震救灾期间，王瑛亲自批示处理有关抗震救灾信访举报36件，解决群众具体问题14起。

对百姓柔情似水，爱心无限；对犯罪分子重拳出击，毫不留情。

爱憎分明，铁血柔情，这就是王瑛。

2003年，王瑛作为全省唯一的基层纪委书记，被省纪委、省监察厅表彰为"办案先进个人"。2007年1月，她被中纪委、人事部、监察部表彰为"全国纪检监察系统先进工作者标兵"。

甘为人梯的公仆

★★★★★

　　"事关老百姓的事，就是天大的事"，"有困难找我！"

　　王瑛走到哪儿，她就把手机号给到哪儿，企业、基层以及孤残老人家庭都知道她的电话号码。

　　在王瑛去世后，一位年过花甲的老人，常饱含着热泪告诫自己的儿女们："王瑛是一位好领导、好干部，你们无论从政还是经商，都要像王瑛那样，做一个对得起他人的人，对得起党和人民的人！"这位老人就是原南江县总工会主席、副县级退休干部康福德。

　　2003 年，已经退休的康福德不幸身患食道癌，王瑛那时正兼任县总工会主席。

　　单位的退休干部患了重病，犹如一块石头压在王瑛的心头。

△ 王瑛在农村调研时与乡亲们在一起

从此，王瑛把关心康福德的健康当作了分内之事。只要一有空，她就来到康福德的病床前，探望病情，鼓励他振作精神，与病魔抗争。听说康福德缺少医药费用，她又亲自协调解决治病资金。在王瑛的鼓励和关怀下，康福德从死亡线上走了回来。而如今，王瑛却匆匆离开了人世。每当康福德一提起过去的事，这位坚强的老干部总是老泪纵横，唏嘘不已。

在南江凡了解王瑛的人，都知道王瑛爱护干部职工胜过爱护自己。单位有推荐上报先进的机会，她总是极力推荐职工。

2004年，县里安排县级领导干部体检，而她却将指标执意让给了单位一位老同志。

对此，有人说她傻，她却说："作为一名班长，总不能事事先为自己着想啊。"

王瑛不单关心干部职工的成长，更牵挂特困职工的冷暖。

小河供销社下岗职工李雄身患癌症，家境贫困。

2005年春节，王瑛亲手将慰问金送到家中，又千方百计协调相关部门为他缴纳了欠缴的养老保险金7200余元。回到机关，她又倡导纪委全体干部职工积极开展募捐活动，并带头捐款300元，共筹集资金3000多元，帮助李雄走出了困境。

2005年4月，王瑛来到省劳模邵俊武家。

79岁的邵俊武是县建筑公司下岗职工，年老多病，老伴无职业，女儿残疾，女婿患有肝病。三代人无钱购房住，同住在30平方米的出租房里。见此，王瑛四处联系，多方想办法，最终采取财政、工会和企业共担的办法，筹资5万余元，为邵俊武选购了一套96平方米的商品房，使老劳模告别了祖孙三代租房的历史。

王瑛分管工会工作和兼任县总工会主席的几年时间里，共看望和慰问了186户困难劳模和职工家庭，为31名省级以上劳模解决落实荣誉津贴3万元；为12名住房困难劳模解决一次性补助4.5万元；为14名贫困劳模解决了生活补贴，为两名退休劳模解决了养老金拖欠问题。

王瑛时刻将群众的冷暖铭记心间，尤其重视解决边远山村群众的实际问题和困难，她经常对同事说："老百姓是最不容易的!"

的确，老百姓太不容易了。

南江是大山区，自然条件差，经济基础薄弱，群众生活条件极为艰苦。

真情换真心，心中爱他人。王瑛就是这样一个人。

老上访户潘淑英是王瑛的挂联对象。

潘淑英家里的困难情况，王瑛十分理解和同情，每隔一段时间，王瑛都要找她谈谈心，及时了解潘淑英的家庭情况。

2007年夏天，王瑛在自己家里给潘淑英找了一大包衣服，她先让潘淑英试穿，在确信衣服合身后才交给潘淑英。

就在去世前三天，王瑛还把一包冬天的衣服交给工作人员，特地嘱托："天冷了，潘淑英家里很困难，要及时转给她。"

王瑛去世后，这包衣服转到潘淑英手中。那天，潘淑英打开包里的衣服一看，大多是新衣服，商标和吊牌都还在，潘淑英拿着衣服失声痛哭。

哪家有难帮哪家，不管自己的手头有多紧，王瑛都会想尽一切办法。

山里的孩子上学难，自己手头再紧，王瑛也要想尽办法资助。

2008年11月27日，一名正在外地读大三的学生知道了王瑛去世的噩耗，哭着向县纪委打来电话："请你们代我告慰王姨的英灵，是她助我圆了大学梦，愿她一路走好……"

打来电话的大学生名叫唐浩。

2005年，唐浩以优异成绩考入中国医科大学，由于父母下岗失业，又身患重病，高额的学杂费急得全家寝食难安。眼见大学梦难圆，唐浩整日忧心忡忡，一筹莫展。王瑛在下乡调研时了解到了这个情况，回到县城第一件事就是筹措了4000元助学金送到他的家中，还通过争取县级相关部门支持，终于使唐浩跨进了大学校门。

王瑛帮助、资助的学生远不止唐浩一人。

据统计，王瑛在南江工作期间，一共自费资助了12名贫困大学生。

新立乡新立村初三学生耿燕，因家境贫困辍学。

王瑛在该乡调研时，专程到她家看望，并掏出身上仅有的400元现金，鼓励她重返校园，随后又将其列为自己资助的对象，每到开学时，都托人送去学费和衣物，激励着耿燕顺利读完初、高中，步入高等学府的殿堂。

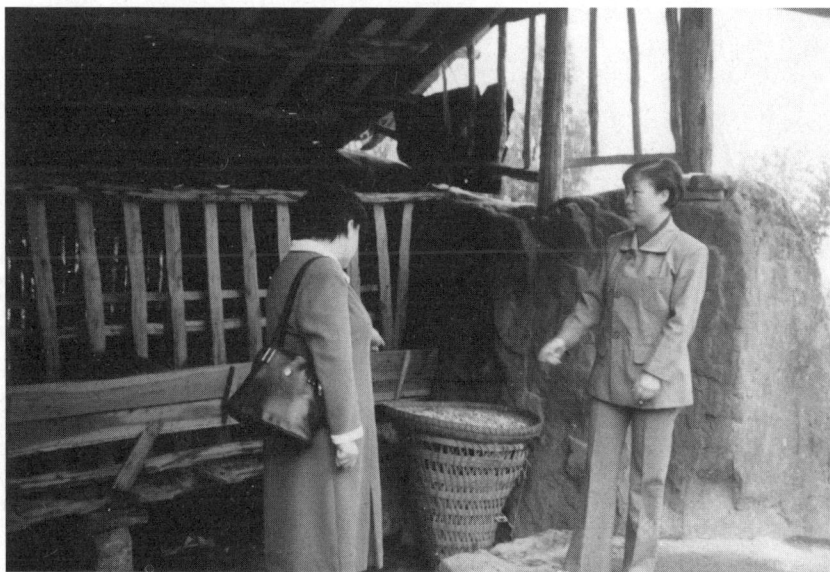

△ 王瑛在农村访贫问苦

2007 年 1 月，王瑛被中央纪委、人事部、监察部表彰为全国纪检监察系统先进工作者标兵，上级奖励给她两万元奖金，王瑛却将奖金专户另存，全部用于资助贫困学生。她每月按时给四川农业大学的黄霞和另外一名学生寄去生活费，并时常打电话嘱咐两位学生一定要努力学习，将来做对社会有用的人。每到寒暑假，在四川农业大学读书的黄霞都要到王瑛工作的单位来看望她牵挂的王妈妈，向王瑛汇报自己思想和学习情况，王瑛每次都深情地嘱咐黄霞要用心学习，追求进步。

当黄霞问及她的身体时，她总是满不在乎地说："我的身体你不要担心，你只要努力学习我就放心了。"黄霞在王瑛的鼓励下，在学校品学兼优。王瑛知道后，脸上露出了灿烂的笑容。

→ 大家与小家

★★★★★

简朴于身。

王瑛廉洁奉公，严于律己。

对家属子女从严要求，为全县干部树立了良好的公仆形象；事实可以证明，王瑛的家人可以作证。

在利益、亲情、友情可能与原则发生冲突时，王瑛始终做到以大局为重，把党和人民的利益置于最高的位置。

王瑛给予别人的多，给自己的少；王瑛从不以权"谋权谋利"，从不贪索肥囊；在王瑛眼里，权力是一种责任，"官位"只是一个岗位，只能用来为人民谋利益，绝不能用来谋一己之利。

一个县的纪委书记，在基层也算是有职有权。王瑛在南江担任纪委书记的 7 年时间里，没有利用职权为自己的家人、亲属办过一件私事，没有为朋

△ 王瑛在乡镇企业调研

友介绍过一个工程。

王瑛刚到南江时，县委决定给王瑛租条件好的住房，她却坚持在职工旧宿舍楼入住。

房间简陋，墙壁的石灰随处脱落，玻璃窗残留着几个窟窿。王瑛找人把墙壁稍作粉刷，用报纸把窗户糊上，然后在房间搭上一架钢丝床，就算安排好了自己的住处。

2005年冬，王瑛经常感冒咳嗽，同事们都不知道啥原因。一天，细心的职工小李到王瑛住处去一看，发现王瑛盖的、铺的都是硬邦邦的旧棉被，一点都不保暖。"这哪像一个纪委书记的床铺呀！"职工们私下里一商量，筹钱为她买了一床七孔被。

事后，王瑛追问小李多少钱，说啥也要把钱给职工。

小李就骗她说也就一百多元嘛，是职工们的一片心意，钱坚决不要。这，也就成了王瑛占职工的"最大便宜"。

从此，钢丝床和七孔被一直伴随王瑛走完人生旅程。

在王瑛家里两样东西最多，一样是药品，一样就是方便面。

王瑛常常早出晚归，忙到很晚才回家，就只有泡方便面；有时下乡，回到家还要改材料，也得吃方便面。

按理说，吃点饭还是有时间的。可是，她就图个简单、方便，应付一下肚子就开始工作。

王瑛很少在基层单位吃饭，她说，基层单位工作经费少，为领导干部一顿饭花钱多，不仅会增加基层单位的负担，还会影响党员干部的形象。

有一次，直工委的同志陪同王瑛到乡下调研回来，肚子饿得咕咕叫，本以为王瑛会点几个好吃的菜。谁料，王瑛却点了两笼小包子，两碗稀饭和一碟泡菜。吃完后，王瑛还让直工委的同志将剩下的两个包子带回了家！

"作为一名党的干部，我们要做到俭以养德，不能多拿国家和人民一分钱！"王瑛经常对家人和身边工作的同志这样说。

王瑛要求别人做到的她自己首先做到，要求别人不能做的，自己首先不做。

当别人玩高档手机时，她用的还是一部旧电话；当别人高级轿车换了一辆又一辆时，县纪委的车就一直没有换过；当别人用高档笔记本电脑时，她用的还是几年前的产品。

2008年3月,由于单位电脑大部分无法正常使用,车辆经常出现毛病,许多职工提出要更换电脑、买辆新车的要求。

对此,王瑛专门召开了干部职工会,她说:"纪委是执纪的,如果我们去跟'风',其他单位都会跟'风',只有我们带好头,不良风气才会得到遏制。"

王瑛在生活上从来不讲排场,始终坚持勤俭节约,下乡轻车简从,从不搞迎来送往,坚持少花钱、多办事的原则。

王瑛常说:"作为一名领导干部,要事事、处处、时时以个人的人格力量去教育大家、感化大家、激励大家。"

作为一名纪委书记,王瑛无疑面临着钱、权、法的考验。

任纪委书记期间,总是有人通过直接、间接的关系来靠近她,给她送去金钱、物品,结果都被王瑛婉言拒绝。

2005年4月,县纪委、监察局在专项资金检查时,发现县水利局有重大违纪问题,在对副局长周某等6人立案调查时,涉案人员纷纷通过亲戚、朋友、领导关系找王瑛说情,一段时间,她的寝室、办公室电话声不绝于耳,连下班后也有人登门说情,这些均被她一一回绝。最终查清周某分管的水保办等人套取专项资金58万余元进行私分的事实,最后被移送到司法机关的4人均被判刑。

县供销社原党组书记、理事会主任岳某是在政界、商界如鱼得水之人,在查办他扣留下岗职工安置补偿费8万元和单位违规购买小汽车一案时,来自县内县外、方方面面的说情丝毫没动摇王瑛查办此案的决心。该案的查处受到省、市纪委的高度评价,时任省委副书记、省纪委书记李崇禧在省纪委《反腐导刊》中做出重要批示，并列入全省 8 起损害群众利益的典型案件予以通报。

权力，对一个人的诱惑和腐蚀，可能比任何东西都来得巨大，面对时时刻刻的"大考"，王瑛始终将宗旨铭记心间。

王瑛的老父亲是一位普通老党员，父亲在临终前叮嘱王瑛："瑛子，你是为人民服务的，亲戚骂你没关系，老百姓信任你就好……"

为了保持一股正气，王瑛不得不定了许多死板的规矩。

比如，她的家，绝不接待亲属之外的客人。

△ 王瑛在基层现场办公

不管她在不在家，她不允许属下干部到家里谈工作。

来了，也不开门，真有事，宁肯自己从家里回办公室接待前来办事人员。

王瑛从不收受任何人的礼物，不仅家里人，连秘书、司机等身边工作人员她都反复交代。

王瑛在巴中市政法委工作的丈夫张勇，2005年左手需做手术。王瑛单位的同事与成都华西医院有熟人，找到了医生和麻醉师，让给张勇多些关照，同事背着王瑛送给医生和麻醉师一些土特产和800元现金。

王瑛知道后，硬是把800元钱和土特产折算出的500元退给了同事。

王瑛在住院期间，县煤电公司负责人前去看望她，主动送上了5000元现金，王瑛说啥也不收。县煤电公司负责人说："王书记呀，在公司改制时是你为我们把关护航；在公司遇困难时，是你及时排忧解难。如今公司日子好过了，这是全体职工的一份心意，你就收下吧！"

王瑛郑重地说："你们来看我，是我最大的慰藉，送钱反而是加重我心灵的病痛，你们还忍心给我吗？"公司领导只好含泪而去。

→ "不近人情"的女书记

★★★★★

　　找王瑛办违背原则之事的人，往往会碰钉子，甚至惹她发火。这不仅包括她的同事，而且也包括她的亲戚家人。

　　王瑛没有利用权力帮王家任何忙，也没有给他们提供任何便利。

　　这种"不近人情"的事，王瑛真办了不少。

　　家里人抱怨王瑛，王瑛自己心里也十分难受。

　　别无选择，王瑛只能对家人说："我手中的权力不属于我自己，属于人民。"

　　王瑛只有姐弟俩，弟弟王勇一直在阿坝州马尔康的一个基层林业站工作，弟妹在泸定县待业。

　　看到姐姐在南江当上纪委书记后，王勇就把换个好工作的希望寄托在姐姐身上。

　　"姐，你在巴中给我找个工作吧，阿坝的工作实在太辛苦了!"弟弟王勇在电话里无数次向王瑛求情。甚至有几个春节,弟弟带着全家就待在她家不走了。

"弟弟,工作要靠自己,将来有机会再说吧!"每每遇到弟弟的求情,王瑛总是这样回答他。

可弟弟的这一"求情",一直到王瑛离去都没有答案。

当年,王瑛的父亲在临去前抓着王瑛的手说:"瑛子,我最放不下心的是你弟弟,你要好好照顾他呀!"

在父亲面前,王瑛含泪点了点头。

无数次,当王勇电话打来时,王瑛心如刀绞,一边是父亲的遗言和姐弟亲情,一边是一名党员、纪委书记的职责。

本来,作为县里一名举足轻重的人物,帮弟弟安排一个好工作应是一个轻而易举的事。"我是纪委书记,不能带头违规,带头搞特殊。父亲,原谅女儿的不孝吧!"无数次,王瑛只有在心里默默表达着自己的愧疚。

后来,王勇一气之下,辞掉工作远赴广西打工去了,弟妹也只是在一家超市帮忙。

儿子张然在上小学六年级时,王瑛只身去了南江。

在儿子的记忆中,母亲陪伴家人的时间可以用"吝啬"来形容。

母亲几乎没有休过一次完整的长假,一家人聚少离多。

张然14岁生日那天,好不容易一家人团聚,晚上8点多,正在给儿子点生日蜡烛的王瑛突然接到县委办公室打来的电话。

"儿子,对不起,妈妈有事必须回南江。"她忍着泪水消失在夜色中。

在生活中,王瑛对儿子的要求更是严格。

△ 王瑛与时任巴中市纪委书记李晓春合影

儿子读大学时，王瑛给儿子每个月的所有费用仅仅400元。大学四年，同学穿着名牌服装时常在张然面前炫耀。"母亲是纪委书记，咋就穿不起名牌呢？"张然偶尔也把这对母亲提起，然而母亲对儿子认真地说："儿子，做人不能看外表，重要的是要实在。"

2007年，张然前往法国留学前，张然的老师给远在南江的王瑛打了一个电话："王书记，你还是给你儿子买套名牌嘛。否则他到法国容易遭到同学歧视呀！"几经思索，王瑛最终给儿子选了一套打折的阿迪达斯。

"张然、张然、张然……"在王瑛给儿子张然的遗书中，满满的七大篇只是不断重复着两个字——张然，字迹被泪水浸透过，有些模糊。对于儿子张然来说，这可能是母亲最慷慨的一回。

→ 为人师表的大姐

★★★★★

家和万事兴。一个团结的单位，一个和谐的集体，是做好一切工作的前提。

王瑛在班子中当标杆，学习中当榜样，工作中当严师，生活中当大姐。

"建设钢班子，带出铁队伍，工作创一流"始终是王瑛追求的工作目标。

在县总工会、县委组织部、县纪委等单位中，作为班长，她始终以"榜样、标杆"要求自己，班子成员服她、敬她、爱戴她。

团结的班子出战斗力，团结是干事创业的基础。在工作中她带头维护班子团结，做到思想上常交流，

△ 王瑛同丈夫张勇留影

工作上常通气，作风上常提醒，生活上常关心，大事讲
原则，小事讲风格，互相信任，互相体谅，工作分工不
分家，营造了一个良好的工作环境。同时，自觉接受群
众监督，以自身良好的形象为班子成员们做好表率。

2005 年，丈夫张勇的手臂突然疼得要命，川医确
诊为骨瘤，需要换骨头，就连做手术的时候，王瑛都因
工作走不开，没有亲自陪护。

不久，王瑛的母亲又被查出患乳腺癌，因错过了手
术治疗的最佳时机，只能采取化疗方法保守治疗。王瑛
本应陪在病床前尽孝，可是她在母亲身边只待了两天，
就匆匆赶回了南江，因为单位有事，她要以身作则。

2007 年 1 月，王瑛倡导将班子成员工作、廉洁等情况在县纪委全会、县党代会进行民主测评。

会上，王瑛第一个走上大礼堂的发言席，就她自己亲民爱民、民主法治意识、开拓创新、求真务实、碰硬精神、清正廉洁等方面进行了深入剖析，并当场接受了全体党代表的无记名投票测评。

面对测评反映的不足，她又第一个上台，对照问题进行整改承诺。

如今，班子成员接受县纪委全会、县党代会民主测评也形成了制度长期推行，较好地解决了"谁来监督纪委"的问题。

△ 王瑛主持召开纪委全委会

△ 王瑛在工作汇报会上

　　在单位，每一笔大额资金使用，每一个案件的处理，每一项决策的出台，王瑛都坚持严格按照民主集中制的原则进行处理。

　　而每一次召开县纪委常委会议，王瑛总是班子成员中最后发言的一位。

　　王瑛从不先定调子，让班子成员畅所欲言、各抒己见，然后才集中归纳、修正整理，形成意见，保证了决策的科学性，同时赢得了干部职工的信任与尊重。班子成员多次为处分适用条款说得情绪激动，多次为处理定性分歧而言辞激烈，多次为处分档次高低而争得面红耳赤……但班子成员公心至上，公道正派，团结协作，顾全大局，始终保持着较强的凝聚力和战斗力，始终保持着目标同向、安排同步、工作同抓、责任同担的工作格局。

"作为一名党的干部，我们要做到俭以养德，不能多拿国家和人民一分钱，要尽量为国家和人民多做一点事！"王瑛经常对班子的同志这样说。

王瑛在工作中始终坚持原则，注重实效，对工作高度负责，严要求，高标准。

在任组织部长期间，王瑛在单位职工桌上摆了一个特殊的"牌子"。牌子上，一面写着每个同志的姓名、职务，另一面写着这样一段话："没有坚强的党性，做不好组织工作，没有实事求是的精神，做不好组织工作，没有淡泊名利的思想，做不好组织工作。"

这块小小的牌子，不仅方便了前来办事的同志，更重要的是增强了部内每一位同志的责任感。

同时，王瑛在干部队伍建设中引入了激励竞争机制，要求中层干部必须竞争上岗，并请来离退休的老同志当评委，经过述职、演讲、民主测评和评委评议，先后有8名业务素质高、工作能力强的年轻干部脱颖而出。

在县纪委机关，有两件东西是王瑛同志亲自安排摆放的。

一件是"纪容镜"；一件是一个牌匾。

王瑛要求把"纪容镜"放在每名干部上下班必须经过的地方，并亲自在镜子两边写下了"以铜为镜正衣冠，以纪为镜正言行"两句话。

她安排办公室人员将"政治坚强、公正清廉、纪律严明、业务精通、作风优良"五句话制成牌匾，悬挂于纪委会议室墙壁正中，让班子成员和全体干部时常看见，以便自我约束。

每年，王瑛都要以上级转发的案例通报、新闻媒体披露的大要案件和身边查处的违法违纪案例为反面教材，定期组织学习讨论，坚持不懈地进行警示教育，使每名班子成员思想自警不消极，行为自律不放纵，工作自励不懈怠。曾先后三次亲自带领班子成员到南江县看守所——庙子岭参观，接受警示教育。

王瑛平时总是面带微笑，待人平和，认识她的人都说她有亲和力，就连受过纪律处分的人，也说她很亲切。但她对建设制度、执行制度却特别认真，如果谁在遵

△ 身披先进工作者标兵绶带的王瑛

守纪律和执行制度上出现问题，她十分严肃，有时甚至让人觉得严格过余。少有的几次发火，也是因为个别干部没有按时上班。

在南江县纪委，几乎每一项事情、每一个工作环节，都有制度规范。设立派驻纪检组、监察室后，王瑛亲自组织起草《派驻纪检组、监察室工作规则》。

2006 年，南江县绝大部分乡镇的纪委书记实现了专职专责，针对这一情况，王瑛又亲自修改了《乡镇纪委、监察室工作规则》。

规则中，特别严明了政治纪律、保密纪律和工作纪律，其中的"八不准"规定，全县纪检监察干部至今记于心脑，施于言行。王瑛推行的纪检监察干部目标考核、工作季报、述职述廉等制度，为扎实开展纪检监察工作提供了制度基础。

在王瑛家的书柜里，一本 1983 年出版的《邓小平文选》分外抢眼，这是王瑛最珍爱的一本书。

书的四周已经被磨破，泛黄的纸张上处处写满已褪色的笔记。

透过这本书可以看到，王瑛不仅把对党的理论的忠诚信仰跃然纸上，而且她还将朴实的感恩情怀与行动，升华为忠诚事业的责任和信念。

这些年来，王瑛秉承着钢班子带出铁队伍的理念，注重建设学习型班子、学习型队伍。坚持把党风廉政建设纳入县委中心组学习议题，对各级党员干部集中开展党纪政纪知识教育，提高了各级领导班子的理论素养和执政能力，促进了党风廉政建设和反腐败工作深入开展。

为保证学习，增强学习影响力。王瑛从机关经费中挤出专门的经费，先后整理编印了《当前党风廉政建设和反腐败斗争形势》、《党员干部廉洁教育自律读本》、《警示录》、《闪光集》等党风廉政建设专题学习资料5000多册。同时，组织征订了《党内监督条例》、《党纪处分条例》、《实施纲要》等单行本13000册，一并作为党风廉政建设专题学习的必读教材，下发到每一位党员干部手中。

学习中，除先后多次邀请省、市委党校专家，省、市纪委领导就党风廉政建设和反腐败工作进行专题讲座外，王瑛还亲自进机关，到一线，进行有关党纪法规知识辅导讲座。

王瑛先后组织专题辅导讲座10余次，辅导发言120多场，受教育党员干部达10000多人。

为了将学习活动开展得生动活泼，先后在全县领导干部开展廉政承诺签名，组织开展"移动通信杯"党风廉政知识竞赛。在县委中心组学习扩大会议上，还专门组织三名曾经受处分的党员干部，面向所有中心学习组成员，现身说法，剖析犯错的原因，谈下步工作打算。同时，将每年查处的典型案例定期在专题中心学习会上通报，编辑成《警示录》，发放到各级党员干部手中，形成"领导树形象，党员作榜样，职工立志向"的局面。

王瑛有一个笔记本上写着每名机关干部的基本情况，谁没有外出学习，谁需要提高学历，她都记得一清二楚。在极力支持干部培训学习的同时，对具备条件的干部，她积极推荐其"走出"机关，到更重要的岗位上施展才华，同时采取公开招考的办法，选拔年轻干部到机关工作，不断吸收"新鲜血液"充实队伍。

在生活中，王瑛坚持做年轻干部的大姐。每年春节前，她都主持召开由干部家属参加的新春聚会，代表纪委全体对支持工作的干部家属致以真诚的感谢，请他们分享军功章的另一半。

在南江县纪委，大家都感受过"大姐"的亲情和纪委家庭般的温暖。

几年来，王瑛始终坚持"三必谈，四必到"，对干部有思想情绪必谈，有矛盾纠纷必谈，家中有大事必谈；直系亲属去世必到，干部生病住院必到，家庭有灾有难必到，离退休职工家逢年过节必到。几年来，干部的亲人们都亲切地叫她王瑛姐姐、王瑛妹子，相处得就像一家人。

"不是一家胜一家，不是亲人赛亲人"，亲情化的机关建设激发了干部队伍巨大的工作热情。正是由于王瑛的言传身教，南江县纪委的干部个个政治上立得牢，作风上过得硬，工作中进步快。

南江县纪委监察局也因此先后被表彰为"四川省纪检监察系统先进集体"、"巴中地区纪检监察系统先进集体"，2004年被省纪委、省监察厅表彰为"办案工作先进集体"，全县党风廉政建设责任制考核连续三年位居全市榜首；委局班子年年被县委表彰为"四好班子"。她任纪委书记七年间，有11名干部得到提拔，12名优秀年轻干部被选调进入委局机关工作。

王瑛生前说，南江县地处大巴山深处，是国家贫困县。可以说环境苦、条件差、收入低、物价高，但同志们干劲不差、业绩不差，凭的是什么？是一份无私奉献的精神。在这种情况下，我不能在他们的政治进步上对不起他们。有这样的领导，同志们除了往前冲，还能说什么呢？

在巴中，总有一些纪检同行问王瑛："南江的工作总能走在全市的前列，你的工作秘诀是什么？"王瑛谦虚地回答："我没什么工作秘诀，如果说有，那就是我们有一支团结和谐、敢打硬仗的纪检监察干部队伍。可以说，南江纪委的军功章上，有每一位同志的汗水和付出！"

与病魔抗争的英豪

★★★★★

　　王瑛常说："生活不相信眼泪，人就是活一天也要活得快乐、精彩，就是倒下了，也要倒在岗位上。"

　　在事关生死的疾病面前，有人怯弱，有人消沉，也有人自以为彻悟而"无所谓"。

　　王瑛不然，她的选择是：一息尚存，就要发光发热。

　　王瑛坚守职责，执着事业，顽强工作，一直到生命的最后一刻。

　　王瑛对丈夫说："我对南江老百姓说的话还没有兑现，我要干的事儿还多着呢！"

　　人面对死亡，显得十分脆弱。

　　王瑛渴望生命，她恨不能用光一样的速度去追逐自己仅剩的生命最后的两年零四个月。

　　她从容面对噩梦。

　　王瑛病逝后，她的家人和她身边的工作人员还在猜测，王瑛到底是否真的明白自己的全部病情？若说不明白，似乎不像她一贯的敏锐；若说她明白，为什么竟能如此通达乐观，如此泰然若定？

　　王瑛的发病，其实早有征兆。

　　几年前，她就常常咳嗽、身体不适。王瑛权当普通感冒咳嗽，自己配点药，或让医生在家里输点液就对付过去了。

　　丈夫张勇事后也回忆起，妻子好几次说过，人过了四十身体素质咋这么差，一遇风就感冒。

　　被工作占据了全部身心的王瑛，忽略了这些危险的信号。谁也没想到，这是癌症向她发出的最后通牒。

2006年7月，南江遭受特大旱灾，王瑛连续十多天冒着酷暑战斗在抗旱第一线。7月25日，她几次晕倒在山道上。当随行的同志强行将她送进医院时，结果出乎意料："肺癌晚期。"

丈夫张勇一听，眼前顿时一片空白，半天才缓过神来。他最担心的事情终于发生了："这么没日没夜地工作，就是一架机器也受不了啊！"

7月底，王瑛被送进重庆新桥医院。检查结果与巴中医院完全一样，专家们估计，病人的生命不会超过几个月了。得知准确的病情后，丈夫张勇仅几天时间头发就花白了！

而此时，还不完全知情的王瑛还在盘算着几天后出院，单位还有啥事要做，燕山乡秧坝村还有几户农户的吃水还要解决。无奈之下，张勇只好对她说："切片化验显示，你得接受化疗。"对王瑛来说，这是极大的意外，她请医生过来详细询问了情况，镇定地接受了"癌症"这个可怕的现实。

化疗开始后，她每天都去量体重。她发现体重直线下降，一下子降到不足80斤，王瑛自嘲地说："哈，这个化疗就像吃我的肉。"

从此，她再也不去量体重，也只字不问自己的病情。时任南江县县长张长云说："以王瑛的智商，她不可能不知道自己的病情，但他就像完全不知道一样，反而安慰我们这些看望他的人。"

的确，病榻上的王瑛依然谈笑风生，让人看不出她心里有任何面对绝症的忐忑。她对每个探视的人都轻松地嗔怪："你们干吗来？我没事儿，都挺忙的，别为我操心。"看到丈夫忧郁的神情，她乐呵呵地说："放心，我命硬着呢，还有好多事等着我，病好后还要给你们做饭呢！"

在重庆新桥医院才做完第三个化疗，医生让她回家休息，找最开心的事情做。她却毅然回到了工作岗位。

两年的时间里，王瑛拖着病重的身躯，先后十五次亲自到秧坝村规划指导，帮助修通了 15 公里村道公路，新建起集中用水池 30 余口。为发展特色农业，她又到处想办法、找项目，帮助燕山村开展土地治理，建起了 1000 余亩的大叶茶基地，积极协调落实燕山乡玉螺等五个村实施农业综合开发项目，全面改善了该乡农业生产条件。

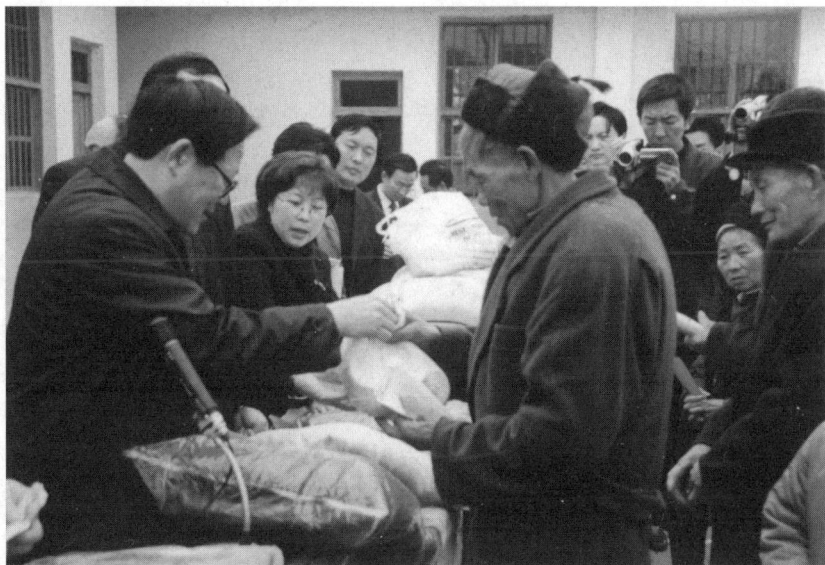

△ 王瑛在亲自发放救灾物资

"5·12"汶川大地震后，离青川县不远的南江县有48个乡镇不同程度地受灾，受灾人口达44.59万人，被国务院确定为全国地震重灾县之一。

地震发生后，王瑛便带领县纪委十余名干部，深入燕山、高塔、八庙等乡镇，组织转移安置群众，深入一线核查灾情，实地蹲点抗震救灾，帮助群众开展"双抢"，解决群众具体困难，连续几个月都没有休息。繁重的救灾工作常常使病重的王瑛喘不过气来，随行的同志看在眼里，痛在心里，都劝她不要这样不顾惜自己的身体，但她却丝毫不在意。

在生命的最后日子，躺在病床上的王瑛依然时时牵挂着挂联乡镇的受灾群众，关注着救灾款物的管理使用。她无数次打电话要求对救灾款物进行跟踪监督，把救灾物资及时送到灾民手中。离开人世的前一天，王瑛还专门安排机关同志代她到挂联的乡、村走访慰问，了解灾后重建和贫困群众安全过冬的情况。

中秋节时，全国肺癌研究所所长、天津总医院院长周箐华到重庆讲学。接受过王瑛咨询的周院长，专门打电话让她到重庆去复诊一下。时值省委第一巡视组来南江检查抗震救灾物资监管工作，面对工作，她再次选择了放弃。

她说："巡视组在南江检查工作，作为纪委书记我不能离开。"

2008年11月10日，南江县召开领导干部大会，王瑛参加了这次大会，这也是她生前参加的最后一次会议。一大早，王瑛拖着病痛的身体，在同事的搀扶下，一步一歇地来到会场。在主席台上，人们看到的仍然是端庄、微笑的王瑛。

△ 王瑛风采照

　　这次大会的一个重要内容，就是上级考核县委书记青理东，到更重要的岗位上任职。王瑛与青理东在县委班子共事六年多，为了让考察组更深入、全面地认识、了解青理东，会后，王瑛忍着剧烈的咳嗽，一步一喘，主动来到考察组驻地。此时，凭着她自己的力量已经无法再爬上六楼，她主动寻求服务员帮助。在服务员的搀扶下，王瑛艰难地爬上六楼，向考察组汇报她个人对青书记的意见。在回来的路上，服务员才发现，她的双腿已经肿得像两个木桩。17 天后，王瑛永远离开了大家。

——王瑛身边的工作人员李玉甫说了这样一个秘密："在王瑛书记去世前不久，我才得知一个惊人的消息，王瑛书记在第一次检查身体后不久，她就知道自己的癌症已经是晚期。她对所有的朋友都不说病情，她不想把痛苦带给别人，也不想给别人再添麻烦，更不想美丽的生命之花有半点瑕疵。"

——王瑛的侄女马丹透露了这样一件事："一天夜里，姨妈说她全身疼痛，忍不住呻吟了几声。我抱着她的身体，轻轻地上下移动，试探着找一个能尽可能减轻疼痛的姿势……终于，她说这样好些了，我才长长出了一口气。现在想想她肯定是在安慰我，其实疼痛根本就没有缓解。"

两年零四个月里，不管在机关，在农村，在老百姓的家里，还是在办案现场，王瑛给人们留下的始终是她的端庄、她的执着、她的坚韧，还有她猛烈咳嗽后特有的淡淡微笑。

惦　念

恩情似海显人间大爱

★★★★★

　　2008 年 9 月，黄霞来到王瑛家中看望王瑛，只见王瑛家的书桌上摆着一封刚刚读过的书信。

　　书信上这样写道："……亲爱的王姨，去年 9 月大学毕业后，我已经参加工作了，现在成都一家贸易公司工作，最近，公司里还派我去贵州参加了一个业务洽谈会……今天我取得的每一点进步，都倾注着您慈母般的爱，没有您对我无私的资助、关怀和帮助，就不可能有现在的一切……"读到这里，黄霞便哽咽了，眼泪簌簌往下落。

　　王瑛似乎明白了黄霞的心思，她用她那慈母般的双手轻轻为黄霞擦去眼泪。

　　事后，王瑛给黄霞讲述了那封信背后的故事。

　　原来给她写信的那名学生是南江县新立乡新立村的耿燕。

　　耿燕的家庭十分贫困，耿燕的父亲患有肺气肿，母亲患有气管炎，耿燕辍学在家，2003年9月，王瑛在新立乡下乡调研，知道了耿燕的情况，当即掏出身上仅有的400元现金，交到耿燕父母手中，让耿燕重新返回了校园。后来王瑛将耿燕列为了结对资助的对象，每到春秋开学时，王瑛都要托人为耿燕捎去学费或学习用具，直到耿燕进入大学校园。

王瑛以大海般的胸怀彰显了人间大爱。

十年寒窗苦读终有所获。2007年8月，黄霞收到四川农业大学的录取通知书。

看着大学的录取通知书，黄霞的内心对大学校园充满了无限的向往。

高兴与沮丧、欣慰与无奈同时并存。

△ 王瑛在检查银花产业发展情况

黄霞是一个具有自知之明的女孩。

上大学？做梦吧！

从小生长在乡下的黄霞，家境一直十分贫寒，加之祖母已年过七旬，生活已经不能自理。

父亲患有肝炎，住院治疗使家里欠下了 2 万多元的债务，高昂的大学学费，对于一个原本一穷二白的家庭来说更是雪上加霜。

正当黄霞准备将四川农业大学的录取通知书作为今生最为美好的纪念，放弃大学深造的梦想时，希望的光芒洒在黄霞的身上。

2007 年 8 月的一天，在八庙乡检查指导工作的县纪委书记王瑛，从乡政府偶然得知了黄霞和她的家境。

回想当时的情景，黄霞仍记忆犹新。

那天正值中午时分，火辣辣的太阳烤得大地如火一般热。

王瑛一行步行来到黄霞家，汗水早已浸透了她的衣裳。

刚进黄家大门，王瑛就和黄霞的父亲打起了招呼。

王瑛边了解黄霞的家庭情况，边拉着黄霞的手亲切地跟她交谈，边爱抚地整理着她凌乱的头发，还鼓励黄霞说："小黄啊，你的情况我都知道了，我一定想办法支持你跨入大学校门！"

当时，王瑛清晰的面庞在黄霞眼中若隐若现，激动的泪水顿时夺眶而出。

临走时，黄霞的母亲极力挽留王瑛在她家吃顿饭，王瑛怎么也不肯，还将自己的手机号码告诉了她的家人，并紧紧地拉着黄霞的手说："上学前，到我的办公室来找我。"

8 月 25 日，正是黄霞上大学临走的前一天，王瑛给黄霞打来电话

△ 王瑛在工作汇报会上

约黄霞次日去她办公室。

8月26日早晨，黄霞如约来到王瑛的办公室。

刚进办公室，王瑛像关心自己女儿一样，拉着黄霞的手为她递上了一杯热气腾腾的茶水。

在得知黄霞还差2000元的学杂费时，王瑛当即从衣服兜里掏出3000元现金塞到了黄霞手中，并对黄霞说："钱我早已给你准备好了，到学校后，你一定要认真学习，苦练本领，将来报效国家。"

在王瑛的办公室里，王瑛还向黄霞讲述了她读大学时的一些生活点滴，教她如何成才，如何做人。

慈祥的目光，朴实的言语，深深地打动着黄霞的内心深处。当时黄霞就和在聆听一位慈爱的母亲对她的教诲一样。

就在那一刻，一股母爱的暖流顿时涌透了黄霞的全身。

"王妈妈！"当时黄霞便脱口而出，热泪早已顺着脸颊往下流。

"小黄，你等一下。"

正当黄霞起身准备走出王瑛办公室的时候，王瑛叫住了黄霞。

原来在黄霞起身的时候，黄霞上衣的补丁被王瑛发现了。

"你自己随便挑，随便选，直到买到合体的衣服为止。"王瑛带着黄霞买了几件衣服后，才让黄霞离开。

临别前，王瑛还为黄霞购买了一张到成都的车票，

△ 王瑛在花丛中

再三叮嘱她:"路上一定要小心,到学校一定要努力学习!"

黄霞使劲地点头,含泪告别了她心中的"王妈妈"。

在 8 月 26 日的下午,黄霞满怀激情地跨进了自己梦想中的大学校门。

曾经迷茫的黄霞,重新燃起了希望之火,重新展开了梦想之翅。到学校后,每个月,黄霞的存折上都会按时收到王瑛从南江汇给她的 500 元生活费。每个月黄霞都要给王瑛打电话,汇报自己的生活和学习情况。每次在电话中王瑛都会用那亲切而又熟悉的声音开导黄霞,鼓励黄霞要勤奋学习,要积极参加课外活动,要学会做事,更要学会做人。

王瑛的话一直在感动和鼓舞着黄霞。

黄霞在大学期间努力学习,积极向上,尊敬师长,团结同学,年年都受到学校表彰。

如今,只要提及上学的经历,黄霞总会在心中默默地说:"感谢您王妈妈,是您伸出援助的手圆了我的大学之梦!是你的谆谆教诲教我学会了如何做人,您的身影在我的脑海中永远挥之不去……"

→ 廉洁奉公的引路人

☆☆☆☆☆

　　人活着，就要有爱心，就要有敬业精神，就要有崇高人格；人活着，就要有信仰，就要有崇高的价值追求。

　　这些，王瑛都做到了。

　　有人说，应该对王瑛恨之入骨，是她掐断了我们春风得意的仕途之路；有人又说，应该对王瑛敬而远之，我们一个地地道道农民的孩子，没有任何背景，惹不起还躲不起吗？

　　他们说的都没有错，因为别人理解的、想象的是一个普通的、甚至是一个世俗的王瑛。

　　王瑛到底是一个什么样的人？

　　王瑛给巴中市公安局信访处副处长柳昆留下了深深的印象。

　　是王瑛改变了柳昆的人生价值观；正是王瑛才使柳昆远离事业的悬崖；是王瑛的敬业精神、顽强

△ 王瑛陪同省、市领导检查工作

的工作作风在潜移默化中感化着柳昆的精神世界，指引着柳昆不断向着正确的人生轨迹迈步。

人们都喜欢锦上添花；然而，王瑛却使柳昆从辉煌跌入了"深渊"。

2003年一年间，柳昆经历了人生的大起大落。

2003年初，因为工作成绩突出，柳昆被组织从经侦大队长提拔为南江县公安局副局长。

那年，柳昆刚33岁，可以说是巴中市公安系统最年轻的副局长，可谓春风得意，踌躇满志，准备在公安战线上干出一番事业来。

好景不长，他由辉煌跌入低谷。

短短几个月后，柳昆犯下严重错误。

因县公安局某派出所发生了一名留置人员自缢死亡事件，原本此事与柳昆毫无关系，但其为了减轻公安机关的责任和赔偿，保住县公安局在省、市公安机关的先进名誉，保护办案民警，而参与策划实施了一些弄虚作假行为，后被省、市、县三级纪检机关查处。

在县纪委对柳昆进行"双规"的过程中，他认识了王瑛。

王瑛以专案组负责人名义跟柳昆谈话。

王瑛身材瘦小，外表文弱，柳昆身材魁梧，能说会干。

无意中柳昆产生了抵触情绪。

当时柳昆心想：一方面自己被提拔是因为爱岗敬业、成绩突出、民警公认和组织培养的，而纪检部门是在把自己维护单位整体利益、保护干警的一点"没有什么大不了"的芝麻小事无限上纲、穷追猛打；另一方面认为有县公安局主要领导参与，纪检部门可能会考虑多方面原因而大事化小，小事化了，而自己在平时工作中面对过那么多犯罪分子，什么样的人我没审过？所以，柳昆一直对抗着纪委，对抗着王瑛书记。

邪不敌正。

柳昆败在了王瑛手下，败给了她的凛然正气，败给了她的坚韧不拔，败给了她的睿智聪慧。

教训，人们都惧怕；教训，谁都不愿接受。然而，王瑛让柳昆把教训当成了成长的财富。

弄虚作假行为被举报受到查处后，一段时期，柳昆始终认为自己是为了维护公安局和民警的整体利益，甚至是为了南江的社会稳定，而且这些行为与死者无关(因上级最终确认死者确系自缢死亡)，认为自己受到处分应该，但受到这么重的处分太冤了。后来，在王瑛的帮助教育下，柳昆彻底转变了自己的观点，充分认识到自己的行为造成了事件真相未得到及时查清、相关责任人未受到相应的追究，既损害了人民群众利益、伤害了人民群众的感情，又败坏了党和国家机关的形象。

柳昆回想自己之所以能够彻底转变，从认为自己出于公心、未谋私利的"小集体主义"思想和有事自己扛着、不牵连别人的"哥们儿义气"，转而认识到任何脱离组织原则和组织纪律的"集体主义"都是自由主义、利己主义；任何小集体利益，眼前利益相对党和人民利益来说都是小利、私利。

是王瑛，她以纪委书记的威严和正气，将柳昆批评得体无完肤，使柳昆振聋发聩；是王瑛，她以大姐般的耐心和理解，和风细雨般的教导，使柳昆幡然悔悟；是

△ 陪同省市领导考察

△ 王瑛参加汇报会

王瑛，她以朋友般的关心和温暖，鼓励柳昆坚定决心，重树信心。

王瑛与柳昆谈话后，柳昆流下了从警后的第一滴眼泪，那是悔恨与感激交织的泪。

如今的柳昆仍没有忘记王瑛当时对他说的"男儿泪里有黄金"这句话。

众目睽睽，人人期盼机会；柳昆也是如此。

从事业的高峰跌下了深渊，柳昆曾彷徨过，想要放弃。

自己既然受了这么重的处分，就当一天和尚撞一天钟，得过且过算了，或者想办法做生意赚点钱。

柳昆又不甘心。

作为一个自幼丧父、吃过各种苦头的农家孩子来说，还有很多路需要走……这时，王瑛书记找柳昆谈话："柳昆啊，错误只属于过去，你未来的路还长，你要努力。"

是啊，错误只属于过去。

从那时起，柳昆深刻反省、立志奋起，下决心与过去彻底决裂，做一个讲原则、顾大局、讲政治、守纪律的共产党员和人民警察，决心要在社会主义新农村建设中，以实际行动悔过自新。

2004年2月至2007年5月，柳昆先后被南江县委、政府下派，脱产到大河镇观音寺村、赤溪乡庙梁村、光雾山镇焦家河村任新农村建设驻村干部。

在这期间，柳昆为村民修公路、修学校、装电话、

△ 王瑛向原巴中市纪委书记殷长同志汇报工作

装闭路、建水池、建沼气，获得了各级组织对他的肯定和诸多荣誉，市、县公安局先后发文要求公安干警向柳昆学习，柳昆的事迹被省公安厅简报下发全省公安系统。

柳昆记得刚刚受到处分的时候的情景，他深刻地体会到了事业由辉煌走向低谷的酸甜苦辣，有冷嘲热讽、流言蜚语，有以前自己打击处理的人造谣生事，还有农村工作的种种艰辛……

正是王瑛的精神时刻地激励着他。

知耻而后勇。

王瑛对工作执着的精神激励和鼓舞着柳昆在人生的道路上不断前行。

廉洁，是对每一个党员干部的基本要求，这不可否认。

不廉洁的现象在现实生活中比比皆是，廉洁反而成为人民群众对党员干部的重要期待。

王瑛当过组织部长，当过县委副书记，当过县纪委书记，她所任的职务要么管提拔任用干部，要么管监督查处干部，可以说在县里绝对算个有权的人物，如果"利用"得"好"，为自己、为家庭顺便捞些"外快"不是问题，而她多年来一尘不染。

2006年，柳昆在光雾山镇驻村，村民送给他一百个鸡蛋和两根腊猪蹄。春节期间，柳昆去看望王瑛，就把这一百个鸡蛋和两根腊猪蹄送给王瑛，本也值不了多少钱，柳昆是想尽一点礼仪之意。

王瑛收下了，反过来却要给柳昆女儿500元的压岁钱，当时柳昆坚决不要，王瑛说柳昆大老远地给自己送来，如果自己不收是不领情，但柳昆不收那也是不领情！

△ 王瑛在光雾山留影

柳昆没办法，只得收下。

从那以后，柳昆再也不敢给王瑛送什么了，就是得知王瑛患了癌症后去看她，柳昆也只有以一束鲜花略表心意。

真的勇士不是跌倒了能爬起来继续前行的人！而是面对随时而来的死亡，哪怕心在流血，仍然笑对人生，继续为党工作，为人民服务的人！

昔日，柳昆眼中的身材瘦小、外表文弱的王瑛；今后，却成为了柳昆学习的榜样。

王瑛在得知自己患上癌症后，仍然乐观豁达、积极面对，仍然带病坚持工作。

2007年7月中旬的一天下午，柳昆到县纪委汇报工作和思想，王瑛最后给柳昆提出希望和要求时，每说一句话要咳嗽几声，满脸涨得通红，柳昆实在找不出什么语言来形容当时的心情，想了很久，后来柳昆给王瑛发了一则短信："王书记，您让我懂得了什么是真无畏，什么是大坚强！"

2007年8月，柳昆再次被推荐提拔，调到巴中市公安局任信访处副处长。

在柳昆下派的四年间，王瑛书记每年至少两次到柳昆所派驻的村检查、暗访他的工作，每年年终都要组织县纪委监察局全体干部听柳昆的思想和工作汇报，每次在驻村工作中遇到不能解决的资金、项目困难，王瑛都尽力协调解决，每当柳昆获得奖励和荣誉时，王瑛都要打来电话或发来短信提醒和勉励他……柳昆也记不清有多少每一个、每一次了，记得的只是帮助、警示和勉励，在王瑛被查出患上肺癌晚期后还依然如此！

忠诚，自古被人们传颂。

生活中我们赞美忠诚。

王瑛让柳昆见识了什么是鞠躬尽瘁。

2007年8、9月间，柳昆在光雾山镇焦家河村驻村，隐约听到了一些关于王瑛书记患肺癌的说法，柳昆不敢相信，更不愿意相信。

10月，王瑛利用到光雾山镇检查工作的空隙，到焦家河村支部书记杨章才家里暗访柳昆的工作和思想情况，得知柳昆当天正在村社协助安闭路电视线路的情况后，步行到施工现场去看他，由于地处海拔较高的山区，光雾山的天气已转冷了，见王瑛明显瘦了，头上戴了假发，柳昆才知道所传不虚。

离开时，王瑛拉着柳昆的手说："老百姓对你评价不错，我很高兴，没有看错你。"柳昆只说了一句"王书记您的身体……"便语噎不知说什么好了，倒是王瑛说了一句："我没事，你好好工作！"

2008年中秋节，柳昆在泸州培训学习，听说王瑛病情加重在重庆治疗，柳昆在电话中说趁放假到重庆去看王瑛，王瑛说她在南江，又是一句："我没事，你好好工作！"

柳昆放下电话，心里在想：不知道她为的什么，这么重的病，还在南江！没曾想，这就是王瑛留给柳昆的最后一句话。

2004年初，县委把柳昆下派到大河镇观音寺村任驻村干部时，有好事者认为县委又要再次提拔一个犯错误的同志，这件事最后直接举报到了省纪委、中纪委，上级纪检机关派人来调查，王瑛书记亲自汇报了柳昆的情况，说柳昆犯的错误是群众意识不强，下派驻村的目的不是提拔，而是去吃苦、培养与人民群众的感情，去接受人民群众的改造……

这事直到王瑛病逝后，柳昆才得知当年王瑛书记陪中纪委同志到自己派驻的村社来的目的。

可惜，柳昆以前并不知道这件事，永远无机会对王瑛说上一句感激的话语。

回想往事，柳昆深感庆幸。

庆幸自己遇到了这么好的人；庆幸自己当时的工作得到村社干部群众的好评，没再给王瑛书记添乱！

→ 放弃最后一次延续生命的机会

☆☆☆☆☆

现任巴中市政府副秘书长的李玉甫，曾经在县纪委与王瑛一道工作。在王瑛书记身边工作的四年多时间里，用李玉甫的话来说："王瑛给了我太多的感动，太多的收获。"

人犹花草。

观花莫错夏花，赏树勿失落叶。

王瑛生病后时常说："生活不相信眼泪，人就是活一天也要活得快乐、精彩，就是倒下了，也要倒在岗位上。"在她那柔弱而娇小的外表下，那种坦然、坚强、淡定和对生命的尊重让人震撼。

2006 年 7 月，得知王瑛生病的消息后，在王瑛身边工作四年多时间的李玉甫马上给她打电话，在电话里，李玉甫不争气地哭了。

"小李别哭，有这么多人在关心我，相信我会创造奇迹的。"

电话的另一端，听到的仍然是王瑛那平静的声音。

王瑛病后，所有人都瞒着她的病情，担心她柔弱的身体承受不了这样的打击。

其实王瑛在第一次检查身体后不久，就知道自己的癌症已经是晚期，王瑛对所有的朋友都不说病情，因为她不想把痛苦带给别人，也不想给别人再添麻烦，更不想美丽的生命之花有半点瑕疵。

当王瑛身边的同事都在瞒着她，王瑛却瞒住了自己身边所有的人。

这是一个多么凄美而又让人心碎的谎言！

王瑛对生命的渴望和尊重让人心痛和震撼。

王瑛生病后，身边的同事最怕和她一起吃饭，每次在饭桌上，看她努力吃东西时，她身边的同事都会忍不住心痛不已。

一个正在做化疗的人会有这样好的胃口？

不，绝对不会。

每当这时候，李玉甫都会陷入深深的自责和后悔，作为在王瑛书记身边工作了四年的办公室主任，曾多次给她买过治疗感冒和咳嗽的药，自己也提醒过让她去大医院检查一下，但每次都是临时有事又没去，等到认真检查时，竟已不可挽回。

如今，李玉甫还时常自责。

——要是当初我再多提醒一次，多留意一下，让她早点到医院检查，早点治疗，王书记也不会就这样离开我们。

2008年中秋节，时值省委第一巡视组来南江检查抗震救灾物资监管工作，全国肺癌研究所所长、天津总医院院长周箐华到重庆讲学，此前王瑛也和他联系过，当时打电话让她到重庆去复诊一下。

但她却说："巡视组在南江检查工作，作为纪委书记我不能离开。"

由此,她放弃了到重庆的机会,放弃了这次诊治机会,也放弃了最后一次延续生命的机会。

"也有老母亲,也有心上人,也有生死恨,也有离别情。"这是王瑛生前最喜欢的歌词。

△ 王瑛到乡下同群众座谈

➡ 47岁人生的休止符

★★★★★

王瑛的人生，没有什么惊天动地，有的只是一个个令人感动的细节，但正是那一个个细节，使她超越了平凡。

在王瑛的心里，深藏着许多遗憾：

她有对老母的孝敬，却不能服侍汤药；她有对丈夫的挚爱，却经常异地相思；她有对孩子的慈心，却无暇给他更多的关怀和教诲。

2008年的11月27日，就在王瑛的同事、同学、朋友们准备给她过生日的前一天，已进入隆冬的南江寒意正浓。

被病魔折磨了近一千个日日夜夜的王瑛在这天起了大早，准备去重庆一家医院做化疗。穿戴整齐后，她让丈夫搀扶着来到厨房，久久地凝视着做早饭的母亲，犹如孩提时的眼神看得妈妈柔肠寸断。母亲说："王瑛啊，你在看啥？"她艰难地帮妈妈将了将头发，

△ 怡情山水的王瑛

说：“妈，您为我太辛苦了，今后要多注意身体啊，今天我真不想到重庆去，真不想走啊……”上车前，丈夫张勇见妻子走路艰难，就将王瑛背到背上，她考虑到丈夫的右臂不方便，拼了命地拍打张勇的肩膀要求将其放下。

来到车前，她询问县纪委常委张晋平，单位正对省里发放的地震物资交叉检查，情况怎么样？张晋平向她简单汇报了情况，劝她先不谈工作，好好休养。王瑛的身体开始剧烈颤抖，一只手扶着车门，一只手艰难地整了整她那条心爱的红围巾，两眼深情地望着她曾经进出了无数次的小区大门，回首眺望四周，眼里充满了无限眷恋……

谁也没想到，就在这一天，这一句"真不想走"，竟成了她与妈妈最后的诀别。一个爱美的女人整理红围巾的动作成了她告别人世的休止符。

27日上午，当走在距离医院还有20公里的山路上，在她经常下乡所乘坐的车上，就在她所爱的亲人、同事面前，坐在副驾驶上的王瑛忽然头一偏，永远离开了我们。

丈夫撕心裂肺地呼喊：王瑛……

同事焦急万分地呼唤：王书记，王书记……

五分钟过去，王瑛依然毫无声息；十分钟过去，王瑛仍然没有任何知觉……

120赶到了，对王瑛进行抢救！抢救！

王瑛的生命之钟，却永远停摆在了2008年11月27日上午10时09分。

从1961年11月28日到2008年11月27日，只差一天，王瑛满48岁。

简单、澄净的一段人生。

艰苦、奋斗的一条道路。

为了事业，王瑛献出了青春，献出了美丽，献出了生命。

➔ 揪心的牵挂

★ ★ ★ ★ ★

她就这样走了，走在去新桥治病的路上，走在她
48 岁生日的前一天，走的时候是那样的宁静，对组
织没有一句要求，对亲人没有一句遗嘱，甚至没有一
句痛苦的呻吟，走得如秋叶般静美！但就在这静美中
却蕴藏着她对党的事业的无限忠诚，对老百姓的无
限深情，对亲人的无限眷恋，对生命的无比尊重。

在纪检战线战斗的 16 年，王瑛得到过太多的
殊荣，曾先后被表彰为"全国纪检监察系统先进工
作者标兵"和"全省办案先进个人"。特别是她的遗
体从重庆运回巴中的这一天，时任市委书记李仲彬
凌晨 3 点在殡仪馆接她归来，并高度评价"王瑛同
志是党的忠诚卫士、群众的贴心人，她忠诚地实践
了'四个特别'，她的逝世是全市纪检监察事业的损
失"。市委决定号召全市党员干部向她学习，这些荣
誉让她的生命如夏花般灿烂。

△ 王瑛与李先念主席夫人林佳眉亲切交谈

王瑛走了，留给人们的将是无尽的思念，留下的是荡气回肠的故事，留下的是有着梅花般坚韧不拔、凌寒飘香的崇高品质和坚贞气节！

办公桌的书柜里还放着满满一柜子的书，从不在书上乱画的王瑛在《生命之歌》的第47页，却画着"我时刻在告诉自己，不要躺下，只要能坐着，你就要站着，只要能站着，你就要走着，只要能走着，家里的零活你就要干着"。

追悼会上，王瑛曾经亲手处理过的违纪干部柳昆、何金一行来了，流着泪一遍又一遍地呼唤着"瑛姐"……从几里、几十里甚至几百里赶来的同事、朋友在王瑛的灵前为她点上了48岁的生日蜡烛，唱起了生日歌。

一直接受王瑛资助的大学生黄霞从就读的四川农

业大学赶回来，跪倒在王瑛的灵前，撕心裂肺的哭喊，让人肝肠寸断。

一行匆匆赶来的务工农民，裤角还来不及放下，沾满灰尘的手还没来得及清洗，高举"王瑛一路走好"的黑色挽幛，眼里饱含泪水，伫立在殡仪馆门外久久不肯离去。

在王瑛简陋的宿舍里：一个简单的小屋，一张破旧的餐桌，一把上面还钉着四颗钉子的椅子，还有一台用了十多年的电视机。

一个厚厚的笔记本，第一页写了五排相同的字："写给儿子的话。"这五句话都没有下文，被泪水浸透的纸面上字迹模糊，后面的空白，仿佛在诉说她曾经忍受的

△ 王瑛与李先念主席夫人林佳眉亲切握手

病痛和对儿子情感无法偿还的歉疚。

处理完王瑛的丧事回到家中，丈夫张勇不经意地拉开自己的衣橱，突然发现：他的所有衣物洗得干干净净，分春夏秋冬折叠得整整齐齐。这是妻子在临走之前，为丈夫做的最后一件事。这些爱的细节，是王瑛埋藏在心中的千言万语，也是常人难以想象的愧疚与牵挂。

2005年，丈夫张勇的手臂突然疼痛，川医确诊为骨瘤，需要换骨头，在做手术的时候，王瑛因工作走不开，没有亲自陪护。这件事，王瑛时常对丈夫提起，这也是她一生难以抹去的痛。

看到这，张勇这位铁骨铮铮的汉子不禁失声痛哭："爱人啊，接受我在生命另一端的祝福——你一路走好！"

与妻子相濡以沫多年的张勇在王瑛去世后，经常重复着一句话："瑛，这回你可以好好地休息了。"

是啊，从两人结婚那天起，张勇就明白了，王瑛是一个为了工作什么都可以不顾的人，他们仅有的三天婚假，也因工作忙被耽搁了；生活了多年，张勇与妻子在一起的时间加起来还不足五年。

张勇清楚地记得：妻子生病以后除了工作照旧外，在家里有了一个细小的变化，特别爱下厨房做饭菜。2007年春节特别冷，家里亲戚多，而她要为家人和亲戚做饭炒菜，感冒了，不停地咳嗽，吃什么药都不管用，家里人都劝她快去重庆治疗。

她说，不行，年后工作上有要紧事需处理，亲人也拗不过她，只有依着她。

家人在整理王瑛的遗物时，发现王瑛的一个笔记本扉页上写着"给儿子的一封信"这样几个字，字迹被泪水浸透过，有些模糊，里面几页，

△ 王瑛在上海参加乡友恳谈会

全写的是儿子张然的名字。

在病中，王瑛常对侄女马丹说："作为母亲我不称职，亏欠儿子太多太多。"说这话的时候，王瑛一脸黯然。

在儿子张然上小学六年级的时候，王瑛就到了南江。王瑛几乎没有休过一次完整的长假，一家人聚少离多。每个周末本是一家人团聚的日子，可是王瑛却很少有机会回家，有时好不容易回家一趟，刚到家门口又接到单位的电话，她二话不说，拎着公文包就走了。

得病后，王瑛对儿子一直隐瞒了自己的病情。

2006年暑期，儿子从学校回家，那时王瑛刚化疗不久，头发大把大把地掉，她特别小心，生怕儿子察觉出什么，每次在一起的时候，都假装很热擦汗，用手绢卷起脱落的头发顺势放进兜里。

一年后，王瑛感觉自己的病情稍稍稳定，恢复情况也不错，本想把病情告诉儿子；但她怕儿子难以承受，最后决定让儿子的姑妈去转告。

2008年暑假，在外读书的儿子回到了王瑛的身边。两年多来，这是王瑛第一次连续两个周末在家，王瑛亲自下厨给儿子做他最爱吃的饭菜，张然抱着王瑛说，这是他一生中和妈妈单独相处最长的时间，最幸福的时光。

暑假期满，在张然临走的前一个晚上，家里气氛格外不同，一边是身患乳腺癌的老母亲拖着虚弱的身体在给自己的女儿熬鸡汤；一边是身患肺癌的王瑛在房间给自己的儿子整理东西。

王瑛默默地收拾，不让任何人帮忙，她给儿子装了两双拖鞋，对儿子说："儿子，记住，一双是夏天用的，一双是冬天用的，不知道下次还有没有机会为你准备。"

那天晚上，她一遍又一遍地给儿子检查收拾的衣物，生怕有丁点儿遗漏，她不想因自己的疏忽，让儿子受委屈。

王瑛爱母亲、爱丈夫、爱儿子，爱人民、爱事业，并以后者服从前者，成就了她一生最深沉、最高尚、最博大的爱。

人去精神在。

她的亲人永志不忘，巴山人民永志不忘，全国人民永志不忘！

2008年11月28日凌晨2点，王瑛的同学、同事、朋友、百姓，数百人围着她的遗体，流着泪，敬着酒，轻声唱着生日歌。

同学们说："王瑛，你生前总是忙，今天你终于停下来了，我们终于可以一起给你过个生日了。"

△ 王瑛参加县纪委换届选举大会

　　家人说："瑛子，你生前总是以工作为重，今天你终于停下来了，我们终于可以聚一聚了。"

　　那一刻在场的人尽情地挥洒着泪水和悲痛，没有身处其中的人也许会认为这是对逝者的不敬，但这生日聚会让李玉甫永生难忘——因为这小小的、特殊的、甚至有悖常理的生日聚会没有任何功利，彰显的是主人的人格魅力和这世上人性的光芒！

　　2008 年 12 月 28 日，巴中市殡仪馆，人如潮，车如织，白花如雪，白纱如帐，市委为王瑛举办了隆重的追悼会，来自四面八方的人都来为她送行，有各级领导，有亲友，也有同事战友，还有"背二哥"；有私交甚笃的，也有萍水相逢的；有身边的，还有外地赶来的……

王瑛虽然走了，却永远活在人们心中。

她给人们留下了太多太多……

王瑛对事业的忠诚，对百姓的深情，对家人的眷顾，对生命尊重的精神，将激励人们一路前行！

大　爱

秋水映忠魂

★★★★★

王瑛去世后，人们一直无法接受这一现实。

一向令人钦佩、时时给别人力量的王瑛书记就这样离我们而去了？

王瑛的同事到纪委工作前，几乎都听说过王瑛书记是全国纪检监察系统先进工作者标兵，听过她在病魔面前不屈不挠、忘我奉献的事迹。

这该是怎样一位铁骨柔情的女书记呀！王瑛的同事心里对她充满敬意。

何梦是 2007 年 9 月调到县纪委工作的，无时无刻不被一种精神感动着、牵引着、激励着。

在何梦的记忆中，王瑛书记就是一个钢性十足的人，她硬朗的作风，让人钦佩。

执纪办案中，王瑛柔肩担道义，铁腕惩腐恶，一身正气，敢于碰硬，大案要案亲自破，重要证据

△ 王瑛在县党代会上发言

亲自取，关键时刻亲自上。多少次正义与邪恶的较量，多少次法纪与情感的交锋，多少个不眠不休的夜晚，多少个惊心动魄的故事，一桩桩案件被攻破，一个个腐败分子被惩处。王瑛的铁面包公形象似乎深入人心。其实，不尽然。

在何梦的记忆中，王瑛书记还是一个温情脉脉的人，她对被惩处的干部关心有加，呵护备至，她的女性气质在纪检监察工作中发挥到极致。

2003 年 8 月，石滩乡党委委员、副乡长陈国文，因上班时间与几位乡政府工作的老同志一起打牌，被县纪委给予了党内严重警告处分。

当时，陈国文思想十分消沉，想到自己的工作、事业、前途一下子完了，没有一点希望了，精神萎靡不振，心理压力特别大。

得知情况后，王瑛多次找陈国文谈心，语重心长地细心开导他，鼓励他正确对待错误，从中吸取教训，放下思想包袱，重新振作起来，不要放弃自己的理想和追求。

王瑛书记的教诲，使陈国文很快调整心态，从消极懈怠中振作起来，以务实的工作作风、实实在在的工作赢得了群众的支持，得到了组织的信任。

看到陈国文的进步，王瑛十分高兴。

在每次面临新的机会时，王瑛都给他打气，鼓励他参与竞争。

2005年，王瑛推荐陈国文到大河镇工作，任副镇长；2006年9月，陈国文当选为大河镇人民政府镇长；2008年9月，陈国文担任大河镇党委书记，兼镇长。

如今陈国文深有感触地说："当初，如果没有王书记的关怀、一步一步的关心，我就会虚度光阴，一事无成。王瑛是我的大恩人啊！"

王瑛更是一个饱含爱心的人，她心里惦记的不仅是纪检监察事业，更惦记着千千万万的老百姓！

2006年7月，南江遇到了几十年不遇的特大旱灾，为组织群众抗灾自救，她连续十多天冒着酷暑战斗在抗旱第一线。7月下旬的一天，她的身体实在支撑不住了，几次晕倒在下乡途中，当随行的同志强行将她送进医院时，检查结果让所有同志都惊呆了——肺癌晚期。

这个结果犹如晴空霹雳，让人无法接受！

△ 王瑛在农村了解惠民政策落实情况

　　面对如此严重的病情，面对命运的不公，在经过痛苦的挣扎之后，她选择了坚强。

　　在重庆新桥医院做了第三个疗程的化疗治疗后，医生嘱咐她回家找最开心的事情做，她回答说，那就是工作。

　　于是，她又毅然回到了工作岗位。

　　王瑛是一个特别要强的女人，即使在生病后，她仍以坚强的战斗精神感染、感动着班子和周围的人。

　　一位网友在网上纪念王瑛的文章跟帖中感慨："我和王瑛书记生前接触不多。最近的一次是前不久的一个早上，到南江县政务中心去办事，刚刚 8 点，我跑到二楼，正看见王书记扶着栏杆一步一步往楼上挪。这个时候，很多人都已经知道她的病情了，她自己自然也很清楚，可是她居然还在按时上班，这让我有些意外。"

走在王瑛背后，看得出她的每一步都很艰难，那位网友有了搀一把的念头，可是看到她不时笑着回应上下楼打招呼的人，便打消了这个想法。只是默默地跟在她背后走上三楼楼口。这层楼，王瑛花了好长时间！本打算一直跟着她上楼，以便在必要的时候扶一把，被她发现了，她好像识破了这位网友的想法，停下来示意先行。

她的坚强源自内心，她的轻松是忍着痛楚做给大家看的。这样的人，我们最恰当的做法，就是像她希望的那样乐观坚强。

她走了，走得那样匆忙！她走了，留下的故事却荡气回肠！她走了，传承的精神将永放光芒！王瑛以她的忠诚，为纪检监察工作增添了一抹绚丽的色彩；以她的精神，为时代旋律奏响了一串强劲的音符；以她的实际行动，谱写了一曲全心全意为人民服务的壮歌！她的精神将永远激励我们在人生道路上奋勇前行！

→ 忠诚之路伴旅程

★★★★★

　　一个娇小柔弱的女子，用超常的智慧和大手笔的工作能力，把一个贫困山区想都不敢想的事情，变成了现实。她"五个零"的工作经验，得到中央、省、市的充分肯定和推广。

　　踏上南江这块土地，王瑛就把南江当成自己的家，即使在生命最后的日子里，仍然坚守岗位，将满腔心血和毕生精力奉献给了自己热爱的纪检监察事业。

　　2002年初，南江县内发生了两起损害经济发展软环境，致使三名外地客商撤资的事件。此事引起了王瑛对"新时期党风廉政建设如何更好地为改革发展稳定大局服务"的深层思考。

　　在半年多的时间里，王瑛先后深入到48个乡镇、64个县级部门和26家企业广泛调研，提出了

△ 王瑛主持南江县软环境投诉听证会

监察工作服务经济社会发展"五个零"的工作方法（即：建立投诉中心，为民服务零距离；召开专题听证会，干群关系零隔阂；开展"三最佳"创评，监督监察零空档；评选诚信先进，再塑形象零起点；实行投诉查结制，案件查处零搁置）。这"五个零"，特别有效，不到三年，就招商引资 9.8 亿元，58 家外地客商相继在南江安家落户。

王瑛，心里装了整整八年的秘密。

——她是一个严重的妇科病患者，子宫长了五颗肿瘤，在她接手撤区并乡工作的前二十多天，她的子宫被全部切除，作为一个女人，这是多大的伤痛啊！

如此繁复的任务，如此病重的身躯，几十天的乡下调研，几十天的加班加点，她要默默地忍受多少病痛的折磨，不知承受多少心灵的重压！

王瑛不愧是纪检监察系统的标兵，身边同事们工作中的一面旗帜。

王瑛真可谓铁骨柔情的好书记。

在王瑛眼里，权力是一种责任，"官位"是一个岗位，只能用来为人民谋利益，绝不能用来谋一己之利。

在纪律和原则面前，她铁面无私；对干部的关爱，特别是被处分的干部，她又充满柔情，关爱有加。她常说："惩处不是我们的最终目的，教育和挽救干部才是我们的天职。"几年来，像柳昆这样被王瑛帮助回访教育的受过处分的党员干部，先后有50多人。其中，5名成绩突出的干部，在她的推荐下，重新走上了领导岗位。

王瑛是山区群众的知心姐妹。

王瑛始终把当官为民作为一切工作的出发点和落脚点，始终把自己定位在办实事、干好事的角色上，她与群众相濡以沫，老百姓都亲切地称她"王妹子""知心的王大姐"。

2006年7月，组织上考虑到王瑛的特殊情况，没有给她安排县级领导乡镇挂联工作，她知道后，硬是要求组织给她分配。她挂联的燕山乡秧坝村，是南江比较偏僻和贫穷的山村，饮水难、行路难是老百姓最头痛的问题。

两年的时间里，王瑛，这位晚期的癌症患者，先后十五次亲自到村规划指导，帮助修通了15公里的村道公路，新建起30多口集中用水池，

△ 2007年1月，王瑛参加全国纪检监察先进工作者标兵表彰大会时，在天安门广场留影

公路修到了百姓家门口，自来水流进了农家小院内，村民们告别了祖祖辈辈挑水、找水的历史。

600多天，在秧坝村最边远、最贫困的农户家中留下了她的足迹，267户农户家中留下她的笑容。

两个村行路难、饮水难、发展难的问题，在她的帮助下得到有效解决。可是当村民们沉浸在幸福的喜悦中时，怎么也想不到，帮助她们的好大姐、好妹子将不久于人世。

王瑛心里总是想着别人，可怎么也不为自己着想。

2007年1月，她被中央纪委、人事部、监察部表彰为全国纪检监察系统先进工作者标兵。上级奖励给她2

万元奖金，按理说，此时的她，处在病重之中，需要大量的钱治病，但她却将奖金另存专户，全部用于资助贫困学生。

去世前两个月，王瑛坚守在工作的一线。县委决定让她去重庆治疗，让别的同志替代她汇报工作。但王瑛却说，她是纪委书记，对全县抗震救灾物资监管工作她最熟悉。就这样，王瑛放弃了最后一次延续生命的机会。

她，把真情献给了65万南江人民，把生命献给了她热爱的纪检事业。

其实王瑛很清楚自己的病情。第一次化疗后，她就知道留给她的时间不多了，在病后的两年零四个月的日

△ 2007年1月，王瑛参加全国纪检监察先进工作者标兵表彰大会时，在天安门上留影

△ 王瑛在庐山留影

子里，除去十多次的化疗时间，其他的时间她仍继续战斗在工作第一线。她有194天在抗洪抢险、抗震救灾和案件查处现场。不管在机关、在农村、在老百姓的家里，还是在办案现场，给人们留下的始终是她的端庄、她的执着、她的坚韧，以及她猛烈咳嗽后特有的淡淡微笑。

王瑛是疼爱儿子的好母亲。

王瑛对丈夫、对儿子，对她的所有亲人，充满无限深沉的爱，这种爱中，有一种苦涩的愧疚。

病重两年多来，面对自己每况愈下的身体，为了不让儿子分心耽误学业，王瑛一直瞒着自己的病情。

2008年暑假，在法国求学的儿子回到了她身边，王瑛深知自己陪儿子的时日不多了，她好想给儿子诉说自己对他的牵挂与想念，好想儿子长久陪在自己身边，但她最终还是把这份沉甸甸的爱放在了心底！

难得的相聚是那样短暂，在儿子离家起程时，她把写好的信交给儿子，嘱咐儿子一定要在上火车后再拆开……这封饱含泪水写下的"遗嘱"信件，满载着母亲对儿子抚育的愧疚、对儿子的谆谆教诲、对儿子的无限爱恋……她把对亲人的思念，化作工作的动力，把眼泪化作汗水，把对亲人深深的歉疚埋藏在心中。

这，就是王瑛；这，就是百姓心中的好大姐。

→ 仰望生命的高度

★★★★★

王瑛短暂的一生，却有着无数的曲折，无数的艰辛，无数的苦痛。

面对命运的次次打击，她坚强面对，乐观向上，不妥协，不放弃；她用激情与爱，把工作与事业画上等号；她走了，她把青春和生命献给了事业；她用看似平凡的点点滴滴，诠释了生命的意义，丈量了自己生命的高度。

马丹，王瑛的侄女。

在姨妈身边生活多年的马丹，真正认识王瑛、理解王瑛的却是在王瑛病重期间。

都说女人柔情似水，真的吗？

如果评价王瑛，就要说女人似钢。

病逝前的一个夜晚，王瑛说自己全身疼痛，马丹听着姨妈忍无可忍的呻吟，她知道，那肯定是一种钻心的疼，以她对姨妈的了解，她是轻易不会示弱的。

这是一种撕心裂肺的疼痛；这是一种别人无法分担的疼痛。马丹真想为姨妈分担所有的痛苦。

为减轻姨妈的痛苦，马丹抱着她的身体，轻轻地上下移动，试探着找一个能尽可能减轻疼痛的姿势，直到王瑛说这样好些了，马丹才长长出了一口气。

深夜，一声盖过一声的咳嗽，常常在夜里把马丹惊醒。每次马丹起床过去看姨妈，然而，每次却都在王瑛的房门外边停了下来，只是斜着身子，呆呆地站在那儿，无助、无奈与心痛交织着泪水汩汩地往下流。

清晨王瑛起床，马丹想搀着她，她竟然拒绝了，要自己来，那种费劲的起身，颤巍巍的行走，为的是给生命一点尊严。

△ 王瑛在井冈山学习时留影

马丹深深地知道，姨妈的病，都是平时的劳累和辛苦所致。马丹以前常常跟姨妈开玩笑说，你家里就两样东西最多：一样是方便面，另一样就是药品。

王瑛常常早出晚归，忙到很晚才回家，就只有泡方便面，有时下乡，回到家还要处理文件，也得吃方便面。

按理说，做点饭还是有时间的，可是，她就图个简单、方便，应付一下肚子就开始工作。

由于长期劳累，严重透支健康，几年前就有咳嗽的症状，也时常感到身体不适，可她就想着她的工作，想着把手头的事情做完再说。可是，工作怎么能够做完啊，做完了一件又有一件，就这样，她一直没挤出时间去医院检查治疗，权当普通感冒咳嗽，自己配点药，或让医生在家里输点液就对付过去了，哪知疾病却在一点一点地累积啊！

2006 年 7 月，持续的劳累，终于让王瑛支撑不住，她病倒了。

在重庆第三军医大确诊为肺癌。这突如其来的打击，打碎了她所有梦想和希望。

她无法接受；马丹也无法接受；她的所有亲人都无法相信这是真的！

在经过痛苦的挣扎之后，王瑛坦然地接受了这一残酷的现实。

丈夫知道王瑛的病情后，短短几天就急白了头发，他既要若无其事地安慰鼓励妻子积极治疗，又要承受着内心的巨大痛苦，随时害怕她真的倒下。

亲属和朋友知道后，都安慰王瑛说："现在医术那么先进，还是早期，一定会好的！"其实，当时检查出的结果已经是肺癌晚期了，癌细胞已经扩散，手术都不能做，只能采取保守疗法。

王瑛和所有人一样，深深地眷念着生命。

她坚持不懈地锻炼，她要用毅力战胜病魔，挑战命运的不公。

马丹每天陪她早早起床锻炼，为了鼓励她，就照着

△ 王瑛参加光雾山旅游推介会

她的样子比画着，而心里有说不出的滋味，既有说不出
的心疼，又打心底佩服她的乐观与坚强。

2007 年春节，天气特别冷，家里人又多，而王瑛
还坚持自己做家务，一不小心感冒了，接着就不停地咳嗽，
吃什么药都不管用，家里人都劝她快去重庆治疗。

而她却说，年后工作上有要紧事需要处理，家里人
拗不过她，只有依着她。

2008 年初的一个晚上，马丹看王瑛咳得非常厉害，
于是就对她说："姨妈，快去重庆吧，这样拖着对你身
体肯定不好！"王瑛笑了笑说："这件事很重要，我必须
亲自处理，大概就这几天吧，等事情处理完我就去。"

三天后，她才踏上去重庆的路。

癌细胞扩散得很快，她的病情越来越重了。

生命剩下的日子屈指可数。

然而，就是在这个时候，王瑛想得更多的还是工作。

"5·12"汶川大地震发生后，她躺在医院的病床上，连夜给单位的领导和同志们打电话，安排抗震救灾和灾后恢复重建等工作。

一边打电话，一边还不断地咳嗽，那声音很干涩。那声音，听得让人感到心痛，感到窒息。

每次亲历姨妈治疗，马丹都深深地感受到她的坚毅、她的顽强、她的隐忍。

△ 王瑛与孩子在一起

一次又一次的检查，一次又一次的化疗。

王瑛看着家人焦急的神情，她强忍着痛苦，总说不要紧、没事的，为的是不让家人担心。

躺在病床上，王瑛难免不想到自己的母亲、丈夫、儿子，难免不想起亲人。

对家、对亲人，她充满了歉意与愧疚。

在重庆治疗的时候，她曾对马丹说："丹儿，我现在最愧疚的是家庭，我真的对不住他们。"说着说着就眼泪汪汪，作为女儿、母亲和妻子的她柔肠万般，马丹深深理解她的感受。

王瑛对家人又疼爱，又吝啬。

家人本来应该得到王瑛更多的亲情与呵护，可是，王瑛给家人的太少。

在家人心中，王瑛就知道工作。

王瑛说过："作为母亲自己很失职，亏欠儿子太多了，和儿子在一起的时间太少了。"说到这话的时候，王瑛一脸黯然。马丹假装平静地宽慰她说："等你病好了之后，可以慢慢补偿啊！"那一刻，家人都能够感受到彼此的伤感。

王瑛的儿子张然，正读研究生，成绩很好，非常懂事。在病情确诊后，王瑛决定暂时瞒着他。

2007年，王瑛感觉自己的病情较稳定，恢复情况也不错，就说还是告诉张然吧，他作为一个儿子、一个男人，应该承受，也必须承受这个现实，但她有些犹豫不决，最后决定，让他姑妈来说。

后来，张然知道了这一切，他掩饰自己的悲伤，表现出一种超出想象的坚强，家人都感到了丝丝安慰。可王瑛却摇摇头说，她就担心会这样，儿子越从容，她就越担心，因为她了解自己的儿子，什么难事都埋在心里一个人扛，表面看没什么，其实根本就没迈过那个坎。

在生命最后一程，王瑛用一位母亲的善良、理解和细心，疼着自己的儿子，想着自己的亲人。

就这样，一边坚持不懈地锻炼，一边积极配合治疗，王瑛坚强地活过了两年零四个月。

三军医大的专家都说，这已经是奇迹中的奇迹了。

在王瑛的追悼会上，党旗覆身，鲜花似海，哀乐低回，挽幛如云，她生前的领导、同事、朋友，还有众多基层干部和普通群众，流着悲伤的眼泪前来为她送行。此情此景，深深地震撼着在场的每个人，亲人感到无比的伤感和悲痛，同时也为她感到无限的骄傲和自豪。

→ 巴山深处雪莲盛开

★★★★★

二十集电视连续剧《王瑛》在国家风景区光雾山紧张拍摄。带着对英雄的崇敬，追寻英雄成长的光辉历程。

汽车轰鸣着爬上海拔 3400 多米的小金县梦笔山下 801 林场。正值藏历新年，到处一派欢乐气氛，藏胞们烤着羊肉，喝着酥油茶，围着火堆跳起了锅庄。

走进一排排古老的砖木结构瓦房，60 多岁的藏族林业工人泽尔郎听我们讲明来意后，高兴地说："稀客，稀客！扎西德勒！"用手指着前边一排瓦房："小瑛子 1961 年就是在这里出生的，小姑娘很可爱、很聪明啦！中央电视台也讲了她的故事，真了不起！"

梦笔雪山，是大渡河的源头，是红军的圣地；

△ 中央新闻单位王瑛同志先进事迹采访团协调会会场

雪水，成就了王瑛圣洁冰清的性格。

谈起王瑛，70多岁的林场退休职工朱大明坐在凉意犹在的石头上，悲伤地回忆说："我们两家人走得很近，我们都叫她瑛子，他父亲从小对她就很严格。"

上学时，她最喜欢听肖立志叔叔讲红军的故事。肖叔叔讲：红一、红四方面军会师后，在两河口召开了著名的"两河口会议"，确定了会师后正确的军事路线。红军就住在他家，一个叫张有福的红军，生了病，领导特地给他批了二斤细粮，但张有福叔叔看到肖立志因缺少营养而干枯的小手，就将二斤细粮交给肖立志，对他说：
"这是我节约下来的粮食，你交给你妈妈，给你补补身
体！"张有福叔叔却拖着重病的身体，偷偷上山挖野菜
充饥。

小瑛子时刻牢记父亲的话："梦笔雪山，是大渡河
的源头，是红军的圣地。涓涓细流，柔情细腻，永不腐蚀！"

"要不是她帮我，我一生也许就毁了。我们也不会
成为贴心朋友。"

1972年，王瑛因父亲工作调动，转学到了大渡河畔
康定县姑咱中学。

△ 王瑛在工作汇报会上

"王瑛来了，与我同桌，她写一手好字，给人勤学、上进的印象。她从小学起就是班干部。"王瑛同班同学曾勇，站在自己工作的阿坝银行门口，讲起了"小瑛子"。

秋天的一个下午，本来是王瑛特别高兴的日子，她被批准加入红小兵。放学后，其他一同加入红小兵的同学都高高兴兴地回家了，王瑛却怎么也高兴不起来，眼睛在到处搜寻，她在期待一个人的出现，这个人就是与自己很好的藏族同学贡嘎尺里。

课堂上的一幕深深刺痛了她的心。贡嘎尺里与自己是邻居，又是要好的朋友，因为她远房亲戚成分不好，未能被批准加入红小兵。这给自尊心很强的贡嘎尺里当头一棒，她就自暴自弃，因一桩小事与同学打了架。老师为惩罚她们，将她们调到最后一排，贡嘎尺里竟然与老师对抗，老师在上边讲课，她与同学扯下作业本，用火点着烧了玩。

"绝不能让我的好友成为对社会无用之人！"王瑛背着书包，顾不及回家，直奔贡嘎尺里家。她钻进同自己家一样低矮的木板房中，以成年人的口吻对贡嘎尺里的父亲说："叔叔，我要找你谈谈！"

贡嘎尺里的父亲惊奇地看着身材娇小的小女孩。王瑛对他说："叔叔，贡嘎尺里因为你们一个亲戚成分不

△ 在光雾山留影

好，没加入红小兵，就与同学打架，上课还用火点纸玩。老师说了，要考验她一段时间，还是可以加入的，叔叔，我们都帮帮她吧……"

三个月后，贡嘎尺里因为表现优秀加入了红小兵。

大伙儿为胜利而欢呼的时候，张光军发现，王瑛一双白嫩的双手，有十多条血印。

上初中时，正值十年混乱，劳动成为考核在校学生的主要指标。

"我们班很多同学来自牧区，家里比较困难，要多缴点班费买劳动工具都不可能。"在康定三中任教的王瑛同班同学张光军仍记忆犹新。

星期六到了,其他同学都背着布袋回家了。王瑛找到离姑咱学校不远的段秀珍等几个同学,一脸严肃地对他们讲:"我们不能因为没有工具,就让我们班拖后腿!要是你们还有集体荣誉感,今天大家就跟我走!"

几个同学也不知道她葫芦里卖的什么药。她带着同学们爬上学校对面的大山上,她开始分工:"王康乾,带三个人割藤条,其余几个女同学和我砍竹梢、棕叶!"

回到姑咱,王瑛组织同学花了三天时间,将割回来的藤条编成了箩筐,砍回来的竹梢、棕叶织成了扫把。大伙为完工而欢呼,张光军发现,王瑛一双白嫩的小手,有十多条血印!

"初中两年,我们班用的很多工具,都是王瑛带我们自己动手做的!"现为康定县教育局副局长的王瑛初中同学王康乾自豪地讲。

"后来我们班的同学都很不错,有十多个上了大学,还有十多个参加了工作。现在有好多都在州、县领导岗位上呢!"在康定三中任教的张光军,翻开同学通讯录,指着一个个的姓名,向笔者这样介绍。

身残的同学,心灵是同大家一样的美丽;他那疼痛的身体,不能让灵魂再受到伤害。

上高中时,王瑛品学兼优,又有极强的组织能力,被选为团支部组织委员、班主任助理。

"她确有独到的一面！"现已退休的王瑛高中时班主任老师张汪堆说。

班上有位腿有残疾的同学，叫龚朝全，很多同学看不起他，很伤他自尊心。

"记得有一次，几个同学要捉弄人。当时班上一位叫张春萍的女同学穿了一件涤棉卡衣服，这在当时是了不起的。几个同学看到那位女同学把衣服洗了晾在了竹竿上，就打赌，只要那位腿有残疾的同学，敢把女同学那件涤棉卡衣服穿到教室去上课，就给他买一包烟。"张老师缓缓讲述起来。

那位同学，一向被同学瞧不起，这次说什么也要做一件让别人另眼相看的事。他穿上女同学的衣服，在同学们的哄笑声中，在操场上跑了几圈，竟然还在地上打了个滚。

当穿着女生衣服的男生走向教室时，王瑛知道了这件事，立即双手叉腰，怒目而视，用娇小的身躯挡在教室门口。那位男生想要硬闯，王瑛一把揪住他："你不能这个样子！你以为这样英雄了？你越是这样，同学越是瞧不起你！"

那位男同学被训斥清醒了，马上脱下衣服送回去。但那位女同学发现衣服脏了，还有几个地方被划破了。她哭着回去找家长，还要找老师。这时，几个打赌的同学哆嗦着说：“我们几个完蛋了！”赔衣服是肯定的，关键是打赌的和那个穿女生衣服的同学平时表现不好，老师极有可能借这个机会把他们开除。

“身残的同学，心灵是同大家一样的美丽，不能让灵魂再受伤害！”

王瑛掏出身上仅有的一元钱，又动员其他同学，你一角，我两角，凑足了十一元一角，领着犯错误的同学，找到学生家长，赔了钱，道了歉。“要是当时让学校知道了这个事，几个同学是要被开除的！”闹剧被这个娇小的女子平息下来！

我们是最好的朋友，你今天一定要告诉我，我同你相比，我的缺点到底在哪里？

1978 年 7 月，王瑛以优异的成绩，考入了西南民族大学。

“学习上我绝不能落后于同学！”这是王瑛经常说的一句话。

大学同学陆林雁，翻开与王瑛的合影照片，满脸泪花地说：“每期考试前，有大量要背诵的东西，晚自习后，王瑛总要把我留在教室，夜深人静，教室只剩下我们两人，我们就面对着面，一个背上句，一个背下句，直到两人都背诵如流时，我们才回去睡觉。”

"我在 1982 年 3 月份入了党，那次王瑛却没能入党。"陆林雁说。"绝不能让党组织将我拒之门外！"王瑛很自信。

同学们入党宣誓那个晚上，王瑛很慎重地拉起陆林雁，来到校园一块石头上坐定。"我们是最好的朋友，你今天一定要告诉我，我的缺点到底在哪里？我离党的要求还有哪些不足？我要怎样做才能跨进组织的大门……"

一连串的话，陆林雁终于明白了，好强的王瑛要干什么。

"你这次没能入党，可能是……"

第二天，刚好是星期六，王瑛又请上几个在成都读大学的老乡，王瑛很慎重地望向大家："我从来就当你们是小弟、小妹，你们这次就得帮帮姐姐，你们都给姐姐提意见，说说姐姐离党的要求还有哪些，要是提得不真诚，以后我就不是你们姐姐！"

"姐，我觉得你性格上有点急……"

"姐，我们相信你，你一定能行的……"

两个月后，她被批准加入中国共产党。

在离开西南民族大学时，笔者见到了学校的党委书记罗布江村教授，他深情地说："王瑛在校期间，品学兼优，热心助人，是一个积极要求上进、不甘落后的优秀学生！她生在雪域高原，长在大渡河畔，喝着雪水长大。她灵魂中荡漾着红军的故事，她是冰山上盛开的雪莲，冰清玉洁！"

怀　念

→ 正气背后的柔情

★★★★★

泪水滚落，哭声低回。一中年男子在王瑛的灵前长跪不起。

"大姐，没有您的教育，我会犯下大错；大姐，没有您的鼓励，我会消沉下去；大姐，没有您的帮助，我就没有今天……大姐，你能听到我跟您说话吗？"

他叫柳昆，原是王瑛查办的违纪人员。当年，受到纪律处分的柳昆一蹶不振。而王瑛以一名大姐对弟弟的慈爱，数十次与他促膝谈心，数十次走到他的身边去帮助、关怀他，让柳昆迅速从失落中振作起来，发奋工作。而今，柳昆又重新回到了领导岗位。

王瑛始终坚持秉公执法。

2003年春节，一名群众反映县交通运输公司职工在车站强行收取组客费。王瑛当时正在巴中，顾不上与家人团聚，就匆匆赶回南江，立即组织调查。经查证，县交通运输公司调度股长唐某趁春运之机，利用职权擅自收取外来客车组客费一万余元，严重扰乱客运市场秩序。唐某受到党内严重警告处分，当即退还了违规收取的组客费。老百姓拍手称快。

同年7月的一天，一名姓夏的男子气冲冲找到王瑛。原来，夏某收购了一套废旧印刷设备，县公安局城市综合执法大队以无特种行业经营许可证为由，处罚了

△ 在王瑛的追悼会上

他3000元罚款，夏某说啥也想不通，憋着一肚子的火。王瑛立即组织专人调查，并召开由公安、工商、税务等部门参加的专题听证会，明确了从事收购废旧金属需办理的相关手续以及应缴纳的税费，县公安局当场宣布撤销处罚决定，退还罚款，并对相关执法人员予以严肃处理。

在纪委工作期间，王瑛提出了纪检监察工作服务经济社会发展的"五个零"工作方法（即：建立投诉中心，为民服务零距离；召开专题听证会，干群关系零隔阂；开展"三最佳"创评，监督监察零空档；评选诚信先进，再塑形象零起点；实行投诉查结制，案件查处零搁置）。这一举措，让群众反映到纪委的问题件件有着落，受到中纪委的肯定，并在全国纪检监察系统推广。

→ 用生命播种希望

★★★★★

2008 年 12 月 1 日，天灰蒙蒙的，又阴又冷，在四川省巴中市殡仪馆门前的广场上站满了来自四面八方的干部、群众，人们胸前戴着白花，臂上缠着黑纱，不约而同地来到这里，沉痛悼念他们心中最可爱的亲人，他们都说她去得太早了，去得太可惜了，她就是全国纪检监察系统先进工作者标兵、原中共南江县委常委、纪委书记王瑛同志。

人们怀念她，因为她为党为人民积劳成疾、鞠躬尽瘁；人们怀念她，因为她尊重生命，与病魔顽强抗争；人们怀念她，因为她带病坚持工作，直到生命最后一刻。

面对病魔，她忘我工作，用如花的微笑始终温暖着他人。

2005 年 5 月，高塔乡前丰村与乡政府长达 15 年

△ 打着"王瑛一路走好"牌子的送葬群众

的房屋土地纠纷，因种种原因一直达不成一致处理意见。个别别有用心的人组织 30 多个村民，准备到省、市上访。王瑛得知这个消息后，立即带领工作组进驻该村。谁知到村第二天，便传来她母亲患有肿瘤需到成都诊断的消息，是回家尽女儿孝道，还是继续开展化解工作？面对群众多虑的眼神，王瑛强忍着眼泪选择了后者。她通过近半月的调查和现场协调，终于安抚了群众情绪，化解了纠纷。当她急匆匆地将母亲送到四川华西医院时，老人却错过了手术治疗的最佳时机，只能采取化疗方法保守治疗。面对亲人的指责、亲友的埋怨，她泪如雨下，愧疚地说："我不是妈妈的好女儿啊！"在华西医院，她安排好母亲住院后，便请来一名远房侄女帮助照料，又连夜返回了工作岗位。

即使躺在病床上，她仍牵挂着挂联乡镇的受灾群众，仍关注着救灾款物的管理使用，她要求对救灾款物进行跟踪监督，把党和政府的关怀及时送到灾民手中。就在王瑛逝世的前一天，还专门安排机关同志代她到挂联的乡、村走访慰问，了解灾后重建和贫困群众安全过冬等方面的情况。

抗震救灾期间，王瑛躺在病床上，亲自批示处理有关抗震救灾信访举报 36 件，解决群众具体问题 14 起。

王瑛，47 个春秋；为党和人民忘我工作了 27 个春秋；王瑛用 27 个春秋，书写了自己对党的忠诚和对人民的热爱；王瑛在自己生命的最后时刻，在自己的岗位上朝着前行的方向永远睡着了……

➜ 一腔真情系百姓

★★★★★

2008 年 11 月 27 日 10 时 09 分，全国纪检监察系统先进工作者标兵，南江县委常委、纪委书记王瑛因病情恶化，如歌的生命乐章戛然而止。

斯人已去，一个个感人至深的画面却愈发清晰，将永远镌刻在后人的心灵深处……

寒冬腊梅吐芬芳，王瑛就像腊梅一样圣洁、高尚。

当王瑛得知自己身患绝症时，她却把痛苦埋在心底，而将满腔心血倾注在为群众办实事办好事上。

王瑛爱干部职工胜过爱自己，不管他们有啥困难，她总要帮上一把。

王瑛对被处分的干部格外关心，她常说："惩处不是我们的最终目的，教育和挽救干部才是我们的天职。"

她，爱人民群众胜过爱自己，他们不管有啥困难，王瑛总是时刻铭记在心。

南江是大山区，自然条件差，经济基础薄弱，群众生活还很艰难，王瑛的心一直牵挂着山里群众的疾苦。

2005年至2006年，她先后组织倡导各有关部门筹资136万多元，解决了150多名困难家庭子女上不起学的问题，受到社会各界的赞扬。

风雪里，王瑛毅然在前行。

2007年12月，县委要求县级领导到挂联的乡镇开展"查灾情，送温暖"活动。王瑛同挂联乡镇燕山乡约定三天后到秧坝村进行慰问。27日，因病痛折磨，王瑛前一天晚上就没有休息好，早上本想再多休息一会儿，但想到要到挂联乡镇慰问，便立即翻身起床。洗漱完毕，打开窗户一看，白雪皑皑，漫山遍野。

这时，单位同志打来电话，询问慰问活动是否取消，她坚定地说："定好的事不要随意更改了。"

冒着泥泞，颠簸了近两个小时来到了燕山乡。在这样恶劣的天气情况下，乡里同志都犯难了，提出是否可以把受灾农户通知到乡政府来，但王瑛说："我们是来查灾慰问的，必须到农户家去。"大家只好陪着她深一脚浅一脚地来到大雪早已封闭的村上。当她把慰问品和慰问金送到百姓手中时，很多受灾农户都感动得流下了泪水，而她累得几乎虚脱了。

春蚕到死丝方尽，蜡炬成灰泪始干。一腔炽热的情怀，一片无私的挚爱，王瑛把全部的真情都倾洒在了百姓心田……

➔ 壮歌一曲留巴山

☆☆☆☆☆

　　冬日巴山，瑞雪初降，片片雪花悠悠然然地飞舞，簌簌洒洒地飘落，把南江的光雾山装扮成一个粉妆玉砌的世界，让人流连忘返。

　　然而就在这一时刻，被称为好大姐、好妹子、好干部的王瑛却累倒在岗位上，在送往医院抢救途中不幸去世，永远停止了思考……

　　她留下了太多太多的感人故事，在南江广大干部群众中流传。人们诉说着巨大的悲痛，倾吐着无限的哀思，心中蕴含着无比崇敬之情。

　　就在人们的诉说中，我们心灵受到一次又一次的撞击，产生了极其强烈的震撼，深深地感受到：她能走到今天，战斗到最后，完全有一股力量在支撑着，这个力量的源泉，就是一个共产党员的理想信念。

△ 王瑛陶醉在大自然中

　　随着采访的深入，我们也对她理想信念的形成，有了最终的答案，那就是她常挂在嘴边说的一句话："一个人只有认真地学习，不断地充电，才能在心中形成一个信念，才能产生一种不竭的动力。"

　　王瑛1961年11月出生于阿坝州小金县，在读小学、中学期间，品行优良，成绩优异。16岁便考入西南民族学院，在大学读书时加入了中国共产党。

　　1982年7月，王瑛这位风华正茂、亭亭玉立的女大学生，毅然服从组织的安排，从事着一般男同志都避而远之的畜牧兽防工作，随后在巴中县委整党办、巴中县纪委、巴中地区纪委工作。

1997年12月，她只身踏上南江这块红色土地，就把南江当成了自己的家，先后担任过县委常委、直工委书记、总工会主席、县委副书记、组织部长、纪委书记等职。她常说："学习就是工作，要做一名政治上坚定、思想上先进、作风上过硬、工作上务实的执纪者，就必须继续加强学习和实践。"

她家在巴中，唯一能给予老母孝道、丈夫温情、儿子母爱的机会就是"双休日"，可她总是经常利用工作间隙和休息日认真学习邓小平理论、"三个代表"重要思想和科学发展观系列书籍，认真学习业务知识和经济、法律等方面的知识，努力拓宽视野，优化知识结构。在采访中，我们发现在她专门制作的学习笔记和手抄本上，密密麻麻地记满了她平时的工作积累和学习、思考的东西。

正因为她坚持学以致用、知行统一，把学习的体会和成果转化为谋划工作的思路，促进工作的措施，领导工作的本领，无论在哪个岗位，她对政策的掌握，对业务的熟悉，都让所在单位的同志赞叹不已。这一切都源于她的学习，更源于她对党的理论有更深的理解，所以能在工作中游刃有余，得心应手。

2001年，她主持全县组织工作不到一个月，全县撤区并乡的工作开始了。大家知道，这是一项既没有经验可借鉴学习的新任务，又是一项纷繁复杂的重任务，关系到撤区并乡的成功与否，涉及到1000余名党员干部的前程和去留问题。稍有不慎，就会引起社会的不稳定。当时人们都在议论，一个娇小柔弱的女子，那么年轻，组织工作又刚刚接手，她能胜任吗？她能挑起这沉甸甸的担子吗？

面对传言，王瑛只是微微一笑。经过两个多月的时间，全县撤区并乡工作顺利完成。同事们、乡镇干部们不由得打心眼里佩服这个娇小柔弱的组织部长。

2006 年 7 月，她被确诊为肺癌晚期。坚强的她并没有被病魔击倒，在重庆新桥医院治疗期间，即使躺在病床上，她仍未停止过看书学习。有一次，为丈夫没有及时托人带来她要看的书，她竟然耍起小孩脾气，不吃丈夫为他端上的早餐。王瑛常对丈夫说，她要利用这段闲下来的时间，好好地读一些书。

在重庆新桥医院刚刚做完第三个化疗治疗疗程，她又毅然回到工作岗位，坚持一边治病，一边工作，一边学习。在她南江的家里常备的是药品、方便面和书。

就在王瑛去世的前一天，她还专门安排机关同志帮她找县委宣传部编的《党的十七届三中全会、省委九届六次全会、市委二届十一次全会主要精神问答》……

这，就是王瑛，我们的好领导，我们的好姐姐，我们的好妹子。站在生与死的边缘，与病魔搏击了很久，尽管身体上伤痕累累，但是在心灵上却有着震撼人心的美丽！她坚强的内心充满了真实的力量，淡定，坦然，豁达，顽强，微笑，令人肃然起敬！

"坚持学以致用，做到用有所成。"这是王瑛一贯的主张。她说："一步实际行动胜过一打纲领，只有把嘴上说的、纸上写的、会上定的，变为具体的行动、实际的效果、群众的利益，我们的工作才算做到了位、做到了家。"

无论是工作地点变化，还是工作岗位调整，她都是创造性地把所学到理论运用到实践之中。

"五个零"真心服务，换来了群众的广泛认可。一位外地客商动情地说："南江的投资环境一年比一年好，在这里投资，我们感到舒心、顺心、放心。"近三年时间，全县共招商引资 9.8 亿元，56 家外地客商相继在南江安家落户。

在工作中，王瑛深入思考，大胆探索。2007 年 3 月，按照县委工作思路，她带领全县纪检监察干部坚持以村督察员为抓手，积极推进农村基层党风廉政建设，着力打造新型监督模式，为党员群众有效监督农村干部行为，搭建了一个新平台。目前，全县 522 个行政村，村村设立了一名村督察员。通过"独立设立岗位,赋予相应权力,规范履职途径,严格工作纪律,强化教育管理"等措施，村督查员在民主监督、民主决策、维护群众利益等方面发挥了积极作用。

王瑛匆匆地走了，但她坚强的党性、理论联系实际的工作方法、创造性工作的成效明显，赢得了组织和人民群众的充分肯定。2002 年 10 月被四川省人民政府表彰为"民族团结进步模范"，2003 年被巴中市委、市政府表彰为"巴中十年创辉煌"劳动模范，同年被省纪委、监察厅表彰为"办案先进个人"。2007 年 1 月被中央纪委、人事部、监察部表彰为"全国纪检监察系统先进工作者标兵"。

一枝独秀不是春，百花盛开春满园。王瑛秉承着钢班子带出铁队伍的理念，十分注重建设学习型班子、学习型队伍。坚持把党风廉政建设纳入县委中心学习议题，对各级党员干部集中开展党纪政纪知识教育，提高了各级领导班子的理论素养和执政能力，促进了党风廉政建设和反腐败工作深入开展。

通过学习，各级班子发挥集体智慧，创造性落实上级纪检监察工作部署，推进工作创新，取得良好效果。南江县纪委监察局先后被表彰为"四川省纪检监察系统先进集体"、"巴中地区纪检监察系统先进集体"，2004年被省纪委、省监察厅表彰为"办案工作先进集体"，全县党风廉政建设责任制考核连续三年位居全市榜首；委局班子年年被县委表彰为"四好班子"。

凡是在王瑛身边工作过或者了解她的人，无不评价她是一支熊熊燃烧的蜡烛，总是把温暖、光明送给别人。的确，她从她的经历中，体会到学习的快乐，尝到学习的甜头，她也把助她成功的经验告诉身边的人，尤其是那些贫困的孩子，因为她懂得治穷先治愚，帮人帮根本的道理。

她已知自己身患绝症，但她一直把自身的痛苦埋在心底，全身心地为贫困的孩子能继续读书学习奔波忙碌。每年都组织开展的"金秋助学"活动，帮助一个个贫困的孩子圆了大学梦。

正是对贫困的莘莘学子的拳拳爱心，2005、2006两年，王瑛组织发动各级工会筹资136万多元，确保了全县无一例职工子女因贫困而上不了学的现象发生，受到巴中市总工会的通报表彰和社会各界的普遍赞扬。

悠悠寸草心，报得三春晖。王瑛以她的实际行动，践行着活到老学到老的古训，诠释着一名共产党人的崇高追求和坚定信念，塑造了一个当代共产党人不断学习、不断完善、不懈探索、追求真知的崭新形象，谱写了一曲壮歌，留给巴山！

后　记

红叶遍山满目秀

英，谓花也，春花清新，夏花绚烂，秋花静美，冬花坚贞，王瑛如花。

瑛，谓玉也，色泽润而质地坚，君子如玉，彬彬谦谦，王瑛如玉。

花虽芬芳，玉虽瑰丽，却不及红叶璀璨质朴，王瑛就是巴山一枚醉人的红叶：怒放生命，燃烧青春，化作春泥，遗爱人间。

短短47个春秋，王瑛用侠骨柔情、剑胆琴心熔铸了灿烂辉煌的一生，她倾心为党执纪、倾情为民服务的先进事迹在华夏神州留下了波澜壮阔的一页，亿万人记住了这个无私无畏、柔美刚毅的女子，记住了这名普通却不平凡的县纪委书记。成千上万名党员干部怀着朝圣般的心境从全国各地赶来，追寻王瑛生前走过的足迹，聆听英雄王瑛的事迹。光雾山下，南江的父老乡亲激动、骄傲地一遍又一遍讲述着王瑛的故事，南江的党员干部始终被王瑛的先进事迹感动着、震撼着、激励着。

近年来，南江作为四川省党务公开联系点、县委权力公开透明运行试点县、政务公开和政务服务试点县、农村党风廉政建设联系点和惩防体系基本框架先期构建县，不断巩固王瑛的好做法、好经验，身体力行，躬亲践行，探索创新，开拓奋进，深入推进反腐倡廉建设，义无反顾地奋力干好她未竟的事业，为先进旗帜增光添彩。

光雾山下，天朗气清。南江以教育为基础、监督为关键、制度为核心，构建了符合山区实际的惩防体系基本框架。王瑛精神与红军精神、廉政文化浑然天成，彰显纪律法规的约束作用、正面典型的引领作用、反面典型的警示作用、廉政文化的浸润作用，廉政清风吹遍巴山蜀水。注重制度支撑，在部门完善廉政风险防控制度，在乡镇建立党员干部勤廉制度，在村社建立"三资"管理制度，梳理制度不留空白，建立制度不留盲区，执行制度不留空档。以县委权力公开透明运行试点为契机，强化"三重一大"监督，清权、公开、制度、民意等关键词贯穿全过程，各项权力在阳光下规范运行。

英模故里，利剑高悬。南江纪检监察干部勇当纯洁党的队伍的"尖刀兵"，铁肩担道义，铁腕惩腐恶，敢碰硬，真碰硬，能碰硬，与腐败分子和消极腐败现象做坚决斗争，既查大案要案，更查损害群众切身利益的案件，既讲究传统办案方法，更注重运用科技快速突破案件，始终保持了查办案件的高压态势。积极探索片区协作办案机制并有效发挥作用，消除了乡镇纪委"零办案"的状况，达到了查案护民生、查案聚民心、查案促发展的效果。

英模之风，山高水长。南江人把王瑛生前的爱民情怀不断地延续，传递得更加深远。王瑛生前为"背二哥"群体建起的"背二哥"宾馆，已经由两家发展到五家；洋滩村的连心桥得到精心修葺和守护，乡村道路的硬化、通畅，真正架起了党委政府和人民群众"连心桥"，延伸了山区百姓的致富路；在南江县纪检监察机关设立的"爱心帮扶基金"帮助下，王瑛资助过的大学生已经顺利毕业，一批批贫困学生相继沐浴着党和政府的温暖，踏上了求知求学的道路；执法监察促进了政务服务规范化，立体纠风网络保证了各项强农惠农富农政策不折不扣落实，惠泽千家万户。

火炬高擎，追求至善。南江纪检监察系统秉承"钢班子、铁队伍"的理念，全面开展思想作风建设、能力素质建设、基层组织建设，不断锤炼钢铁队伍、钢铁作风、钢铁体系。县纪委监察局机关面貌焕然一新，生机迸发；分片区设立9个纪工委、监察分局，探索建立乡镇纪检监察组织"连片连组"制度，形成办案协作区，基层纪委办案能力大幅提升；乡镇纪委监察室全部达到有牌子：办公室、谈话室、计算机、打印机、电话机、传真机、照相机、录音笔、保密柜"十有"标准，全面开通乡镇纪检监察高清视频会议系统，并延伸到村和社区；在522个村、92个社区全面建立纪检小组、村（居）务监督委员会，完善了"县纪委、监察局——部门分口、乡镇分片派驻纪检监察机构——部门、乡镇纪委（纪检组）监察室——村（社区）纪检小组、村（居）务监督委员会"全域覆盖的农村党风廉政建设组织体系，真正实现哪里有党组织，哪里就有纪检监督。

清风泽润，扬帆远航。王瑛精神正在南江生根、开花、结果：为政者廉洁奉公，用智慧和远见统筹发展；经商者诚信为本，用良心和汗水浇铸品牌；传道者两袖清风，用青春和热血培育发展；耕耘者艰苦奋斗，用勤劳和朴实建设家园；求学者感恩奋进，用勤奋和信念开创未来……。全县党风廉政建设呈现出信访数量大幅下降、乡镇办案数量上升、群众满意度上升"一降两升"喜人态势。2011年，南江县纪委被四川省委、省政府记一等功，被省纪委、省人社厅、省监察厅评为全省纪检监察系统先进集体。在2011年四川省党风廉政建设社会评价调查中，南江县群众满意综合指数92%，在全省县（市、区）中名列前茅。

千江有水千江月，红叶遍山满目秀。在巴中南江，干部群众在时代先锋王瑛精神的指引下披荆斩棘，乘风破浪，意气风发地走在全面建设小康社会的大道上！一场"两化互动，统筹城乡，追赶跨越，加快发展"的伟大实践正在蓬勃开展。时代先锋王瑛生前为之眷恋、为之奉献、为之奋斗的南江将变得更加富丽安康！

/100位

新中国成立以来感动中国人物/

丁晓兵　马万水　马永顺　马恒昌　马海德　中国女排五连冠群体

孔祥瑞　　孔繁森　　文花枝　　方永刚　　方红霄　　毛岸英

王　杰　　王　选　　王　瑛　　王乐义　　王有德　　王启民

王进喜　　王顺友　　邓平寿　　邓建军　　邓稼先　　丛　飞

包起帆　　史光柱　　史来贺　　叶　欣　　甘远志　　申纪兰

白芳礼　　任长霞　　刘文学　　刘英俊　　华罗庚　　向秀丽

廷·巴特尔　　许振超　　达吾提·阿西木　　邢燕子　　吴大观

吴仁宝　　吴天祥　　吴金印　　吴登云　　宋鱼水　　张　华

张云泉　　张秉贵　　张海迪　　时传祥　　李四光　　李春燕

李桂林和陆建芬夫妇　　李素芝　　李梦桃　　李登海　　杨利伟

杨怀远　　杨根思　　苏　宁　　谷文昌　　邰丽华　　邱少云

邱光华　　邱娥国　　陈景润　　麦贤得　　孟　泰　　孟二冬

林　浩　　林巧稚　　林秀贞　　欧阳海　　罗映珍　　罗健夫

罗盛教　　草原英雄小姐妹　　赵梦桃　　钟南山　　唐山十三农民

容国团　　徐　虎　　秦文贵　　袁隆平　　钱学森　　常香玉

黄继光　　彭加木　　焦裕禄　　蒋筑英　　谢延信　　韩素云

窦铁成　　赖　宁　　雷　锋　　谭　彦　　谭千秋　　谭竹青

樊锦诗

图书在版编目（CIP）数据

王瑛 / 郑光魁著. -- 长春：吉林文史出版社，
2012.10（2022.4重印）
（100位新中国成立以来感动中国人物）
ISBN 978-7-5472-1230-1

Ⅰ．①王… Ⅱ．①郑… Ⅲ．①王瑛（1961～2008）－
生平事迹－青年读物②王瑛（1961～2008）－生平事迹－
少年读物 Ⅳ．①K827=76

中国版本图书馆CIP数据核字（2012）第246972号

王 瑛

WANGYING

著/ 郑光魁

选题策划/ 王尔立　责任编辑/ 王尔立 李洁华 任玉茗

装帧设计/ 韩璘

出版发行/ 吉林文史出版社

地址/ 长春市福祉大路5788号　邮编/ 130118

电话/ 0431-81629363　传真/ 0431-86037589

印刷/ 天津海德伟业印务有限公司

版次/ 2012年12月第1版 2022年4月第4次印刷

开本/ 640mm×920mm　1/16

印张/ 9　字数/ 100千

书号/ ISBN 978-7-5472-1230-1

定价/ 29.80元